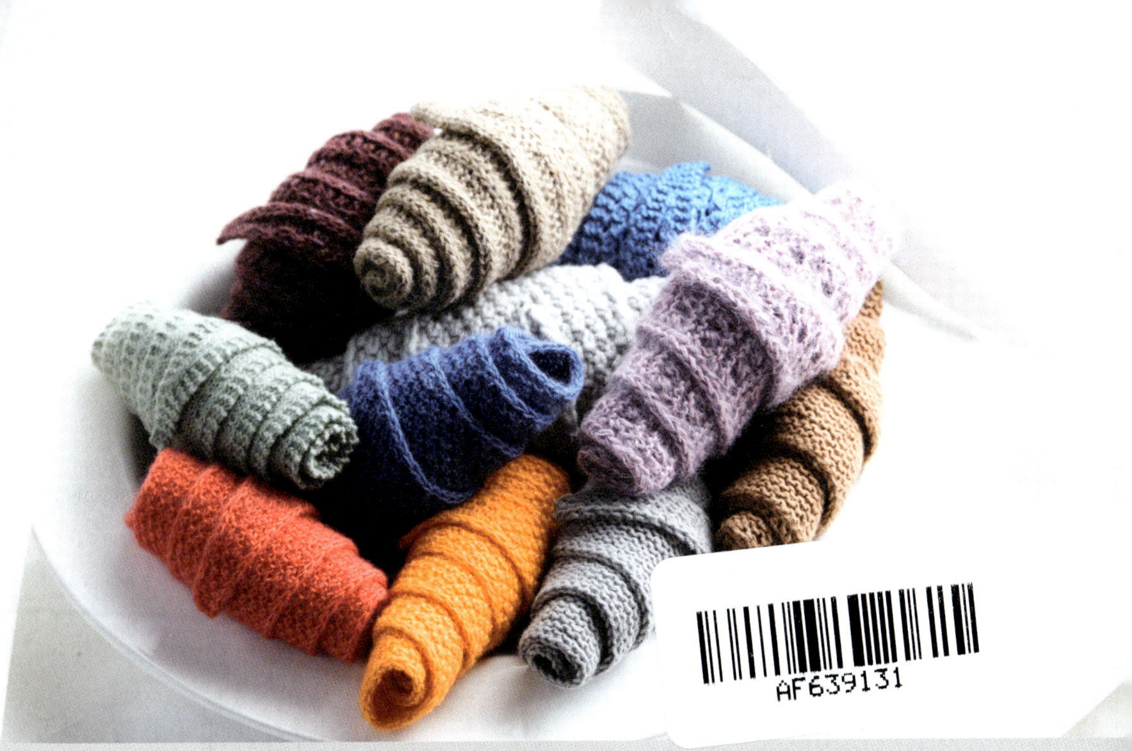

AF639131

Minitücher, auch Bandanas genannt, sind seit einiger Zeit in aller Munde: Die kleinen Tücher in unterschiedlichen Formen, gestrickt in verschiedenen Mustern und aus diversen Garnen, eignen sich hervorragend als Halstuch zu Shirts und Blusen oder als Kopftuch und Haarband. Sie sind das perfekte Accessoire zu jeder Jahreszeit!

Die Tücher sind zudem tolle Projekte, um Reste abzubauen, denn man benötigt in der Regel für ein Tuch maximal zwei Knäuel. Weil so wenig Material benötigt wird, können auch luxuriösere Materialien zum Einsatz kommen.

Lassen Sie also Ihrer Fantasie freien Lauf und kreieren Sie nach Lust und Laune Ihr individuelles Tuch, egal ob aus Baumwolle, Wolle, Mohair oder einem Hauch von luxuriösem Kaschmir.

Zum Schluss noch ein kleiner Tipp: Die Tücher sind auch eine schöne Geschenkidee.

Ich wünsche Ihnen ganz viel Freude beim Stricken!

Brigitte Zimmermann

Janne

aus edlem Alpaca

GRÖSSE
ca. 140 cm x 18 cm

MATERIAL

- Lana Grossa Natural Alpaca Classico (LL 125 m/ 50 g) in Camel (Fb 106), 100 g
- Rundstricknadel 4,0 mm, 60 cm lang
- Wollnadel

MASCHENPROBE
Im Streifenmuster mit Nd 4,0 mm
19 M und 40 R
= 10 cm x 10 cm

STRICK-SCHRIFTEN
Seite 40

Hinweis: Das Tuch kann beliebig in der Größe verändert werden. Dafür mehr oder weniger Wiederholungen der 25.-56. R arb. Bitte beachten, dass sich der Materialverbrauch entsprechend verändern kann.

Randmaschen/I-Cord-Rand

Die Rdm als I-Cord-Rand über je 3 M str. Die ersten 3 M jeder R rechts str und die letzten 3 M jeder R wie zum Linksstr mit dem Faden vor der Arbeit abheben.

Kraus rechts

In Hin- und Rückr rechte M str.

1 Masche linksgeneigt zunehmen

Mit der linken Nd von vorne nach hinten unter dem Querfaden zur nächsten M einstechen und so eine neue M auf die Nd heben. Diese M rechts verschränkt str.

Streifenmuster 1

Hinweis: Die Rdm sind nicht eingezeichnet.

Zwischen den Rdm (I-Cord-Rand) gemäß Strickschrift 1 arb. Es sind Hin- und Rückr gezeichnet. Die 1.-56. R 1x str, dann die 25.-56. R 6x wdh und die 25.-48. R 1x str. Dabei mit den M vor dem Rapport beginnen und den Rapport (grau hinterlegt) fortlaufend wdh.

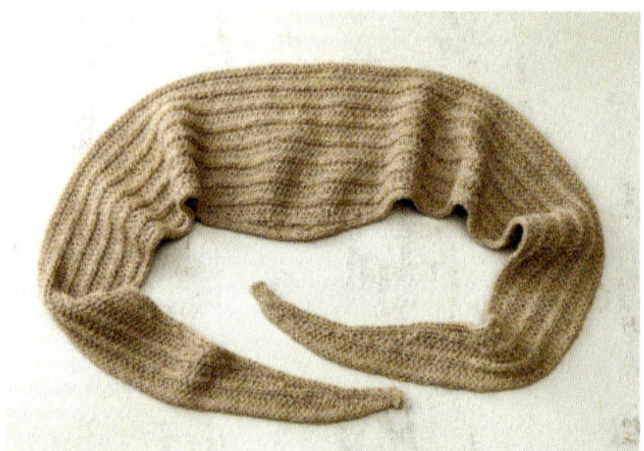

Streifenmuster 2

Hinweis: Die Rdm sind nicht eingezeichnet.

Zwischen den Rdm (I-Cord-Rand) gemäß Strickschrift 2 arb. Es sind Hin- und Rückr gezeichnet. Mit den M vor dem Rapport beginnen und den Rapport (grau hinterlegt) fortlaufend wdh. Die 1.-32. R 7x str, dann die 33.-80. R 1x str.

Anleitung

6 M anschl.
1.-8. R: Über die 6 M wie angegeben den I-Cord-Rand str.
9. R (Hinr): Rdm (I-Cord-Rand), 1 M linksgeneigt zunehmen, Rdm (I-Cord-Rand).
10. R (Rückr): Rdm, 1 M rechts, Rdm (= 7 M).
11.-16. R: Die 10. R fortlaufend wdh.
Nun zwischen den Rdm (I-Cord-Rand) im Streifenmuster 1 gemäß Strickschrift 1 arb. Die 1.-56. R 1x str, dann die 25.-56. R 6x wdh und die 25.-48. R 1x str (= 41 M).
Zwischen den Rdm (I-Cord-Rand) im Streifenmuster 2 gemäß Strickschrift 2 arb. Die 1.-32. R 7x str, dann die 33.-80. R 1x str (= 7 M).
Nächste R: 1 M rechts, 2 M rechts zusammenstr, Rdm (= 6 M).
In den folgenden 8 R über die 6 M den I-Cord-Rand str.
Nächste R: Alle M abk.

Fertigstellen

Alle Fäden vernähen. Das Tuch anfeuchten und auf die angegebene Größe spannen, trocknen lassen.

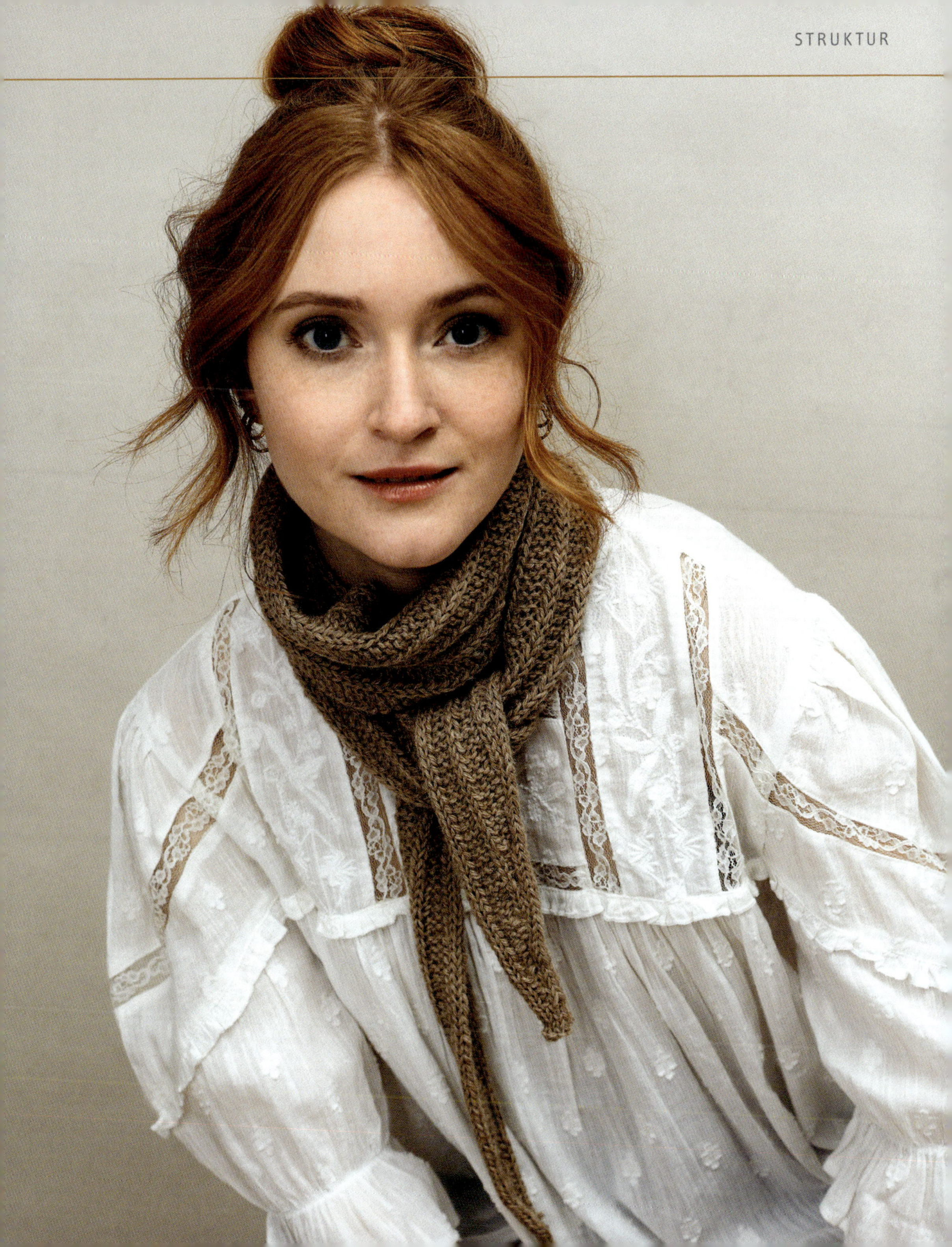

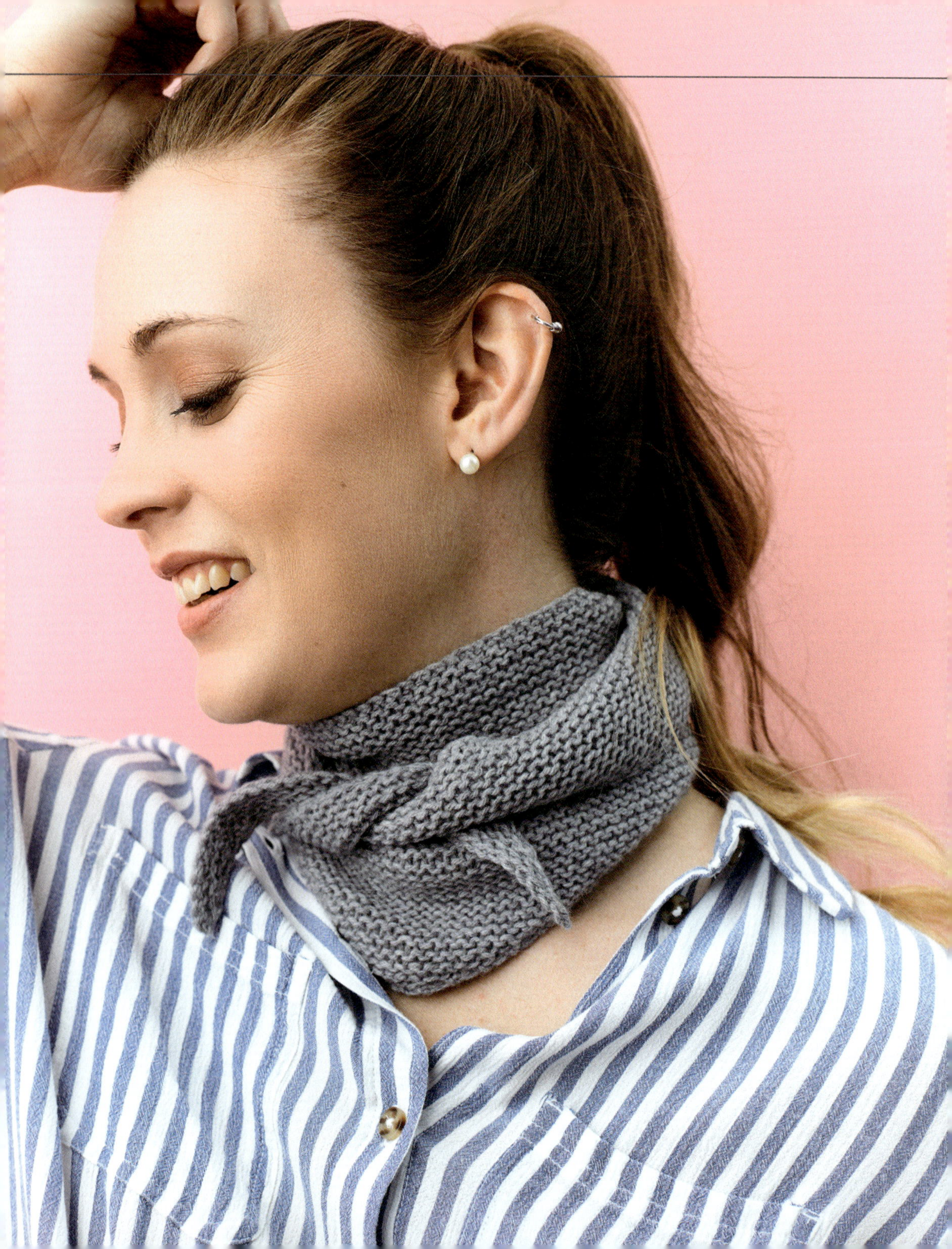

Märta

passt zu jedem Outfit

GRÖSSE
ca. 110 cm x 20 cm

MATERIAL
- Lana Grossa Cashmere Verde (LL 90 m/25 g) in Hellgrau (Fb 17), 50 g
- Rundstricknadel 3,5 mm, 80 cm lang
- Wollnadel

MASCHENPROBE
Kraus rechts
mit Nd 3,5 mm
20 M und 40 R
= 10 cm x 10 cm

Kraus rechts
In Hin- und Rückr rechte M str.

1 Masche linksgeneigt zunehmen
Mit der linken Nd von vorne nach hinten unter den Querfaden zur nächsten M einstechen und so eine neue M auf die Nd heben. Diese M rechts verschränkt str.

Randmaschen
Die Rdm als Kraus-rechts-Rand über je 1 M str. Dafür die erste und letzte M jeder R rechts str.

1 inverser Umschlag
Mit der rechten Nd gegen den Uhrzeigersinn von unten den Arbeitsfaden über die Nd legen.

Anleitung

3 M anschl.
1. R (Hinr): Rdm, 1 M rechts, Rdm.
2. R (Rückr): Rdm, 1 inverser U, 1 M linksgeneigt zunehmen, 1 M rechts, Rdm (= 5 M).
3. R: Rdm, 1 inverser U, 1 M linksgeneigt zunehmen, rechte M str bis 1 M vor R-Ende, Rdm (= 2 M zugenommen).
Die 3. R fortlaufend wdh, bis 185 M auf der Nd sind.
In der nächsten R alle M abk.

Fertigstellen
Alle Fäden vernähen. Das Tuch anfeuchten und auf die angegebene Größe spannen, trocknen lassen.

Hinweis: **Das Tuch kann beliebig in der Größe verändert werden. Dafür mehr oder weniger Wiederholungen der 3. R arb. Bitte beachten, dass sich der Materialverbrauch entsprechend verändern kann.**

Variante

Es wurden 100 g Austermann Ecopure in Zimt (Fb 06) mit Nd 4,0 mm verstrickt. In der Maschenprobe mit Nd 4,0 mm kraus rechts ergeben 18 M und 38 R 10 cm x 10 cm.
Gemäß Anleitung für das Tuch aus Lana Grossa Cashmere Verde arb, dabei jedoch die 3. R fortlaufend wdh, bis 155 M auf der Nd sind.
Der fertige Schal ist ca. 93 cm x 20 cm groß.

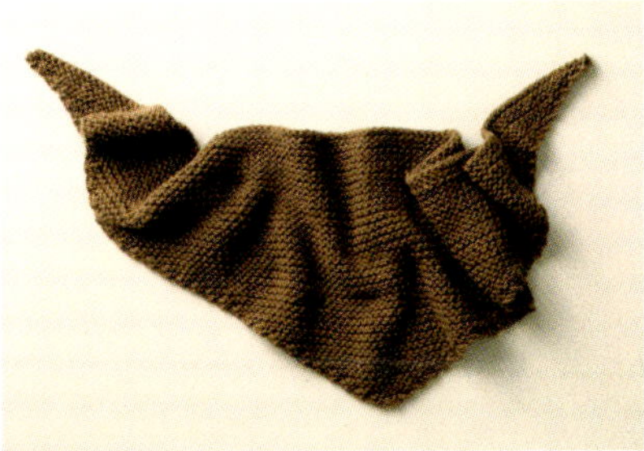

Alma

klein und luxuriös

Glatt rechts
In Hinr rechte M, in Rückr linke M str.

Kraus rechts
In Hin- und Rückr rechte M str.

Glatt links
In Hinr linke M, in Rückr rechte M str.

1 Masche linksgeneigt zunehmen

Mit der linken Nd von vorne nach hinten unter den Querfaden zur nächsten M einstechen und so eine neue M auf die Nd nehmen. Diese M rechts verschränkt str.

Randmaschen
Die Rdm als Kraus-rechts-Rand über je 3 M str. Dafür die ersten und letzten 3 M jeder R rechts str.

Pünktchenmuster
Hinweis: Die Rdm sind eingezeichnet.

Nach der Strickschrift str. Es sind nur die Hinr gezeichnet. In den Rückr die Rdm rechts, alle M dazwischen links str. Die 1.-46. R 1x str, anschließend die 23.-46. R 7x wdh. Dann die 47.-60. R 1x str, die 61.-84. R 8x arb, danach die 85.-110. R 1x str. Dabei jeweils mit den M vor dem Rapport beginnen, den Rapport (grau hinterlegt) fortlaufend wdh und mit den M nach dem Rapport enden.

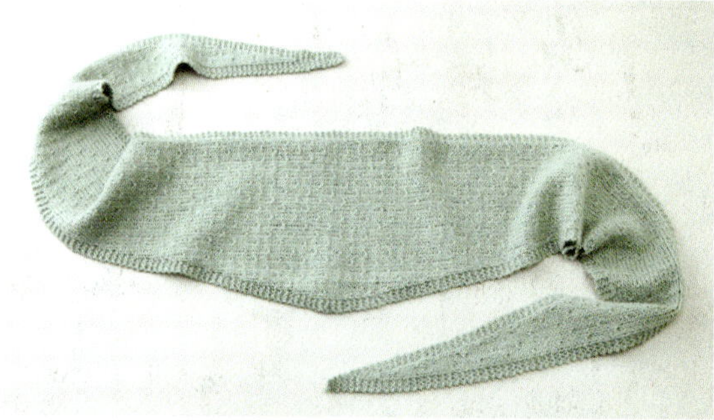

Anleitung

4 M anschl.
1.-5. R: Kraus rechts str.
6. R (Hinr): 2 M rechts, 1 M linksgeneigt zunehmen, 2 M rechts (= 5 M).
7.-11. R: Kraus rechts str.
12. R: 3 M rechts, 1 M linksgeneigt zunehmen, 2 M rechts (= 6 M).
13.-17. R: Kraus rechts str.
Nun im Pünktchenmuster nach der Strickschrift str. Die 1.-46. R 1x str, anschließend die 23.-46. R 7x wdh. Dann die 47.-60. R 1x str (= 43 M), die 61.-84. R 8x arb, danach die 85.-110. R 1x str.
4 R kraus rechts str.
Nächste R: 3 M rechts, 2 M rechts zusammenstr, 1 M rechts (= 5 M).
5 R kraus rechts str.
Nächste R: 2 M rechts, 2 M rechts zusammenstr, 1 M rechts (= 4 M).
5 R kraus rechts str.
In der nächsten R alle M abk.

Fertigstellen
Alle Fäden vernähen. Das Tuch anfeuchten und auf die angegebene Größe spannen, trocknen lassen.

Hinweis: Das Tuch kann beliebig in der Größe verändert werden. Dafür mehr oder weniger Wiederholungen der 61.-84. R arb. Bitte beachten, dass sich der Materialverbrauch entsprechend verändern kann.

GRÖSSE
ca. 140 cm x 18 cm

MATERIAL
- Lang Yarns Cashmere Premium 6-fädig (LL 112 m/25 g) in Salbei (Fb 92), 50 g
- Rundstricknadel 3,5 mm, 60 cm lang
- Wollnadel

MASCHENPROBE
Im Pünktchenmuster mit Nd 3,5 mm
25 M und 38 R = 10 cm x 10 cm

STRICKSCHRIFT
Seite 41

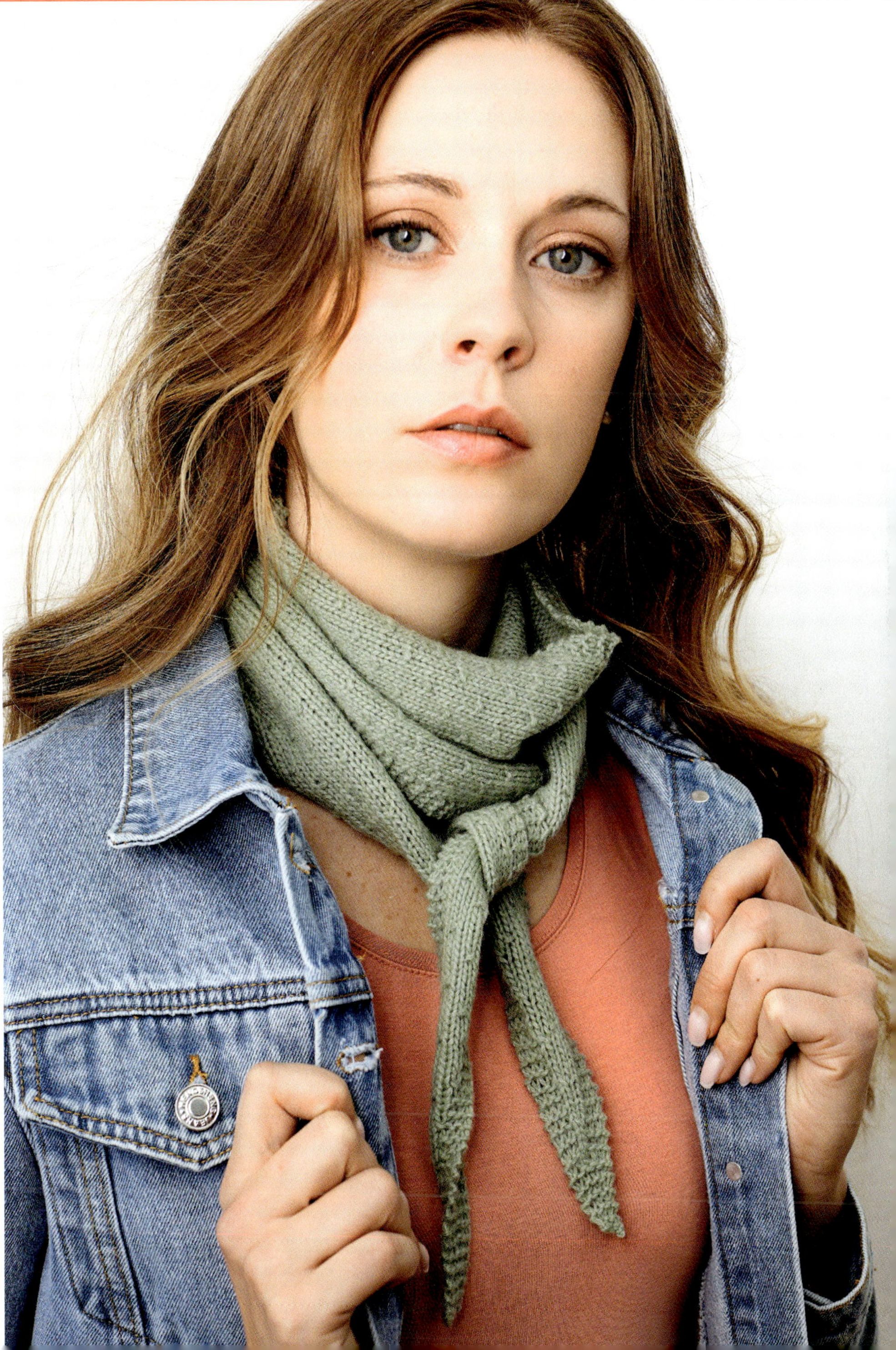

Edda

mit dekorativem Lochmuster

GRÖSSE
ca. 140 cm x 20 cm

MATERIAL
- Lana Grossa Silkhair (LL 210 m/25 g) in Flieder (Fb 173), 25 g
- Lana Grossa Ecopuno (LL 215 m/50 g) in Antikviolett (Fb 70), 50 g
- Rundstricknadel 5,0 mm, 60 cm lang
- Wollnadel

MASCHENPROBE
Mit je 1 Faden Silkhair und Ecopuno im Lochmuster mit Nd 5,0 mm 17 M und 30 R = 10 cm x 10 cm

1 Masche linksgeneigt zunehmen

Mit der linken Nd von vorne nach hinten unter den Querfaden zur nächsten M einstechen und so eine neue M auf die Nd heben. Diese M rechts verschränkt str.

Randmaschen/I-Cord-Rand

Die Rdm als I-Cord-Rand über je 3 M str. Die ersten 3 M jeder R rechts str und die letzten 3 M jeder R wie zum Linksstr mit dem Faden vor der Arbeit abheben.

Hinweis: **Der Schal wird doppelfädig mit 1 Faden je Qualität gestrickt.**

Anleitung

6 M anschl.

1.-8. R: Über die 6 M wie angegeben den I-Cord-Rand str.

9. R: Rdm (I-Cord-Rand), 1 M linksgeneigt zunehmen, Rdm (I-Cord-Rand) (= 7 M).

10. R: Rdm, 1 M rechts, Rdm (= 7 M).

11.-16. R: Die 10. R fortlaufend wdh.

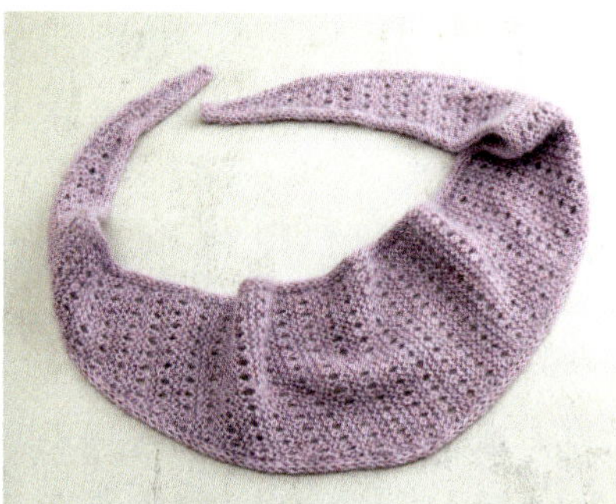

17. R: Rdm, 1 M linksgeneigt zunehmen, 1 M rechts, Rdm (= 8 M).

18.-20. R: Rdm, 2 M rechts, Rdm.

21. R: Rdm, 2 M rechts zusammenstr, 1 U, Rdm.

22. R: Rdm, 2 M rechts, Rdm.

23. R: Rdm, 1 M linksgeneigt zunehmen, rechte M bis 3 M vor R-Ende, Rdm (= 9 M).

24.-26. R: Rdm, rechte M bis 3 M vor R-Ende, Rdm.

27. R: Rdm, * 2 M rechts zusammenstr, 1 U, ab * bis 4 M vor R-Ende wdh, 1 M rechts, Rdm.

28. R: Rdm, alle M und U bis 3 M vor R-Ende rechts str, Rdm.

29. R: Rdm, 1 M linksgeneigt zunehmen, rechte M bis 3 M vor R-Ende, Rdm (= 10 M).

30.-32. R: Rdm, rechte M bis 3 M vor R-Ende, Rdm.

33. R: Rdm, * 2 M rechts zusammenstr, 1 U, ab * bis 3 M vor R-Ende wdh, Rdm.

34. R: Rdm, alle M und U bis 3 M vor R-Ende rechts str, Rdm.

Die 23.-34. R fortlaufend wdh, bis 38 M auf der Nd sind. Die vordere Mitte ist erreicht.

Die zweite Hälfte wie folgt arb:

1. R: Rdm, 2 M rechts überzogen zusammenstr (= 1 M wie zum Rechtsstr abheben, die nächste M rechts str und die abgehobene M überziehen), rechte M bis 3 M vor R-Ende, Rdm (= 37 M).

2.-4. R: Rdm, rechte M bis 3 M vor R-Ende, Rdm.

5. R: Rdm, * 2 M rechts zusammenstr, 1 U, ab * bis 4 M vor R-Ende wdh, 1 M rechts, Rdm.

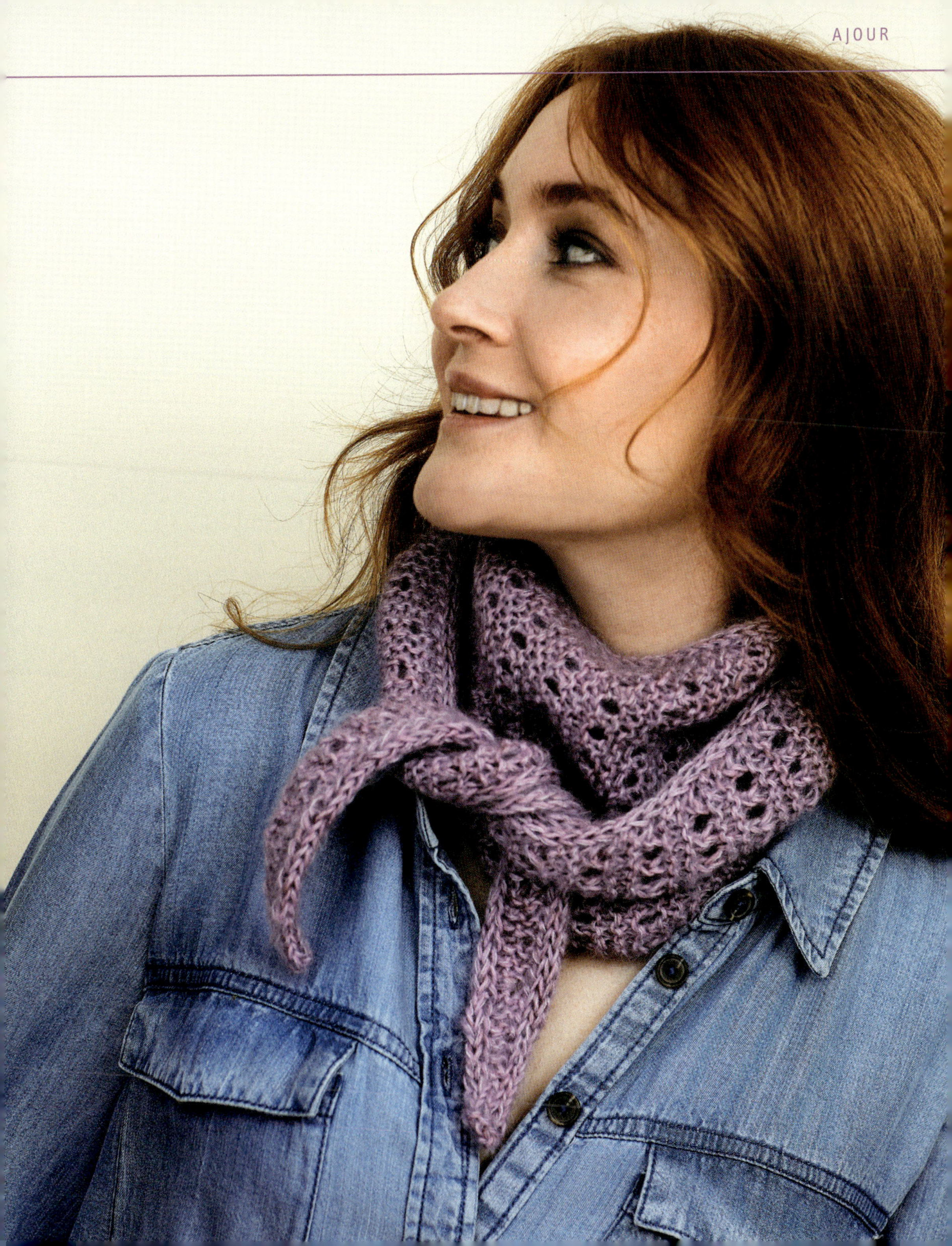

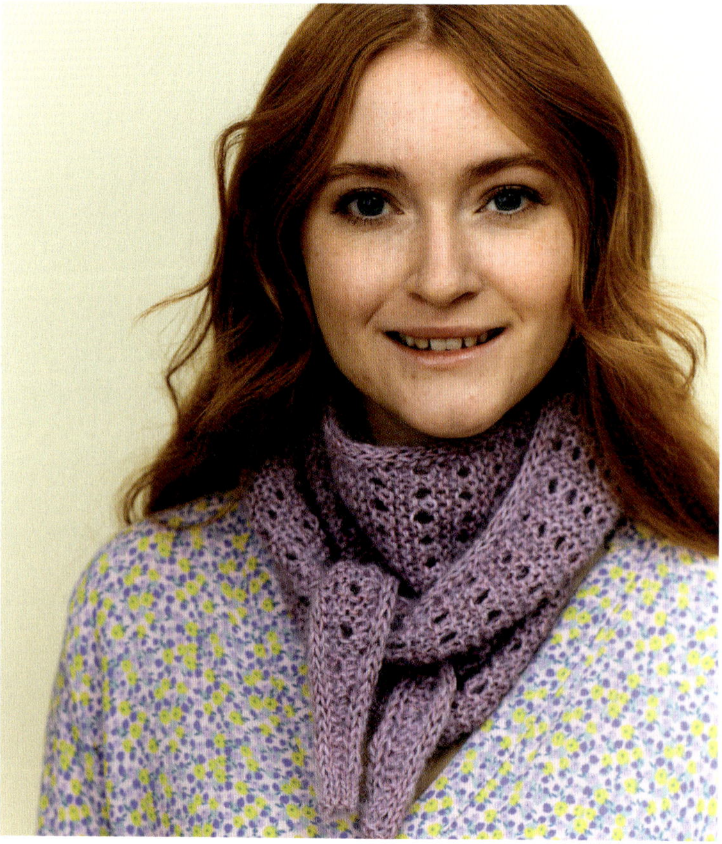

6. R: Rdm, alle M und U bis 3 M vor R-Ende rechts str, Rdm.
7. R: Rdm, 2 M rechts überzogen zusammenstr, rechte M bis 3 M vor R-Ende, Rdm (= 36 M).
8.-10. R: Rdm, rechte M bis 3 M vor R-Ende, Rdm.
11. R: Rdm, * 2 M rechts zusammenstr, 1 U, ab * bis 3 M vor R-Ende wdh, Rdm.
12. R: Rdm, alle M und U bis 3 M vor R-Ende rechts str, Rdm.
Die 1.-12. R fortlaufend wdh, bis noch 8 M auf der Nd sind.
Nächste R: Rdm, 2 M rechts zusammenstr, Rdm (= 7 M).
Über die nächsten 7 R wie folgt str: Rdm, 1 M rechts, Rdm.
Nächste R: Rdm, dabei die 3. M der Rdm mit der folgenden M rechts überzogen zusammenstr, Rdm (= 6 M).
Weitere 8 R den I-Cord-Rand str und in der nächsten R alle M abk.

Fertigstellen

Alle Fäden vernähen. Den Schal anfeuchten, auf die angegebene Größe spannen und trocknen lassen.

Hinweis: Der Schal kann beliebig in der Größe verändert werden. Dafür mehr oder weniger Wiederholungen der 23.-34. R arb. Bitte beachten, dass sich der Materialverbrauch entsprechend verändern kann.

In der Tuchmitte wird die Mittelmasche durch Umschläge hervorgehoben. Die Lochreihen geben dem Tuch eine klare Struktur, sorgen aber auch für Leichtigkeit.

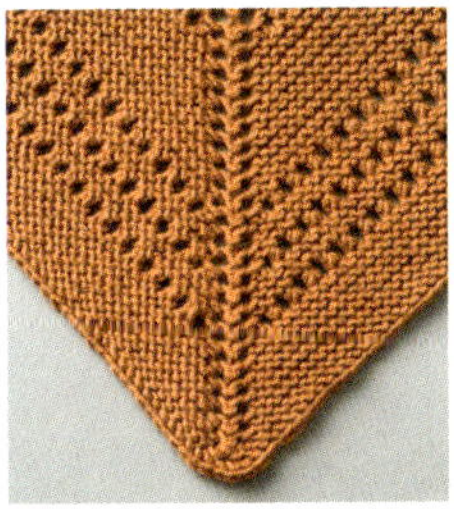

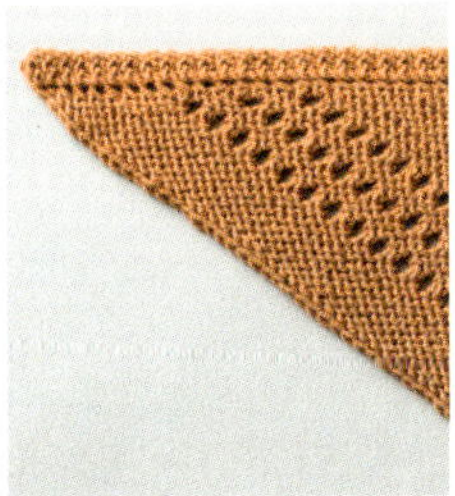

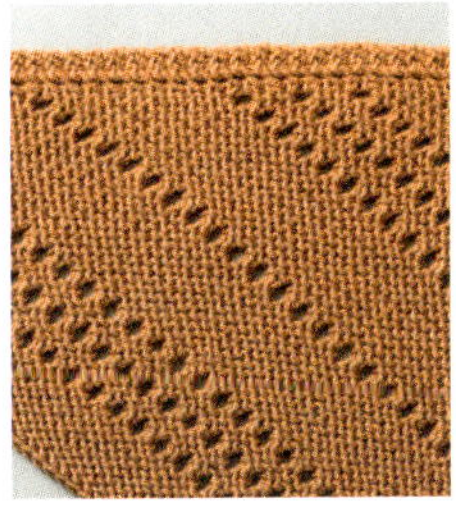

Smilla

raffiniertes Dreieckstuch

GRÖSSE

ca. 84 cm x 38 cm

MATERIAL

- Lana Grossa Merino Superiore (LL 180 m/50 g) in Rotbraun (Fb 12), 100 g
- Rundstricknadeln 3,0 mm, 60, 80 und 100 cm lang
- 2 Maschenmarkierer
- Wollnadel

MASCHENPROBE

Im Loch-/Kraus-rechts-Muster mit Nd 3,0 mm
24 M und 44 R
= 10 cm x 10 cm

Kraus rechts mit Zunahmen (durch Umschläge)

Hinr: 3 Rdm, 1 U, rechte M str bis M-Markierer, 1 U, M-Markierer überhängen, Mittel-M rechts, M-Markierer überhängen, 1 U, rechte M str bis 3 M vor R-Ende, 1 U, 3 Rdm (= 4 M zugenommen).
Rückr: Alle M und U rechts str, die M-Markierer an den entsprechenden Stellen überhängen.

Lochmuster mit Zunahmen (durch Umschläge)

Hinr: 3 Rdm, 1 U, rechte M str bis M-Markierer, 1 U, M-Markierer überhängen, Mittel-M rechts, M-Markierer überhängen, 1 U, rechte M str bis 3 M vor R-Ende, 1 U, 3 Rdm.
Rückr: 3 Rdm, 1 M rechts, * 2 M rechts zusammenstr, 1 U, ab * bis 2 M vor dem M-Markierer wdh, 2 M rechts, M-Markierer überhängen, Mittel-M rechts, M-Markierer überhängen, 2 M rechts, ** 1 U, 2 M rechts überzogen zusammenstr (= 1 M wie zum Rechtsstr abheben, die nächste M rechts str und die abgehobene M überziehen), ab ** wdh bis 4 M vor R-Ende, 1 M rechts, 3 Rdm (= 4 zugenommen).

Kraus-rechts-Block

14 R kraus rechts mit Zunahmen str (= 28 M werden zugenommen).

Lochmuster-Block

4 R kraus rechts, 2 R Lochmuster str (= 12 M werden zugenommen).

Mittelmasche

Die Mittel-M kraus rechts (= Hinr und Rückr rechte M str) str.

Randmaschen

Die Rdm als Kraus-rechts-Rand über je 3 M str. Dafür die ersten und letzten 3 M jeder R kraus rechts str.

Elastisches Abketten

2 M rechts str, beide M wieder zurück auf die linke Nd heben und rechts verschränkt zusammenstr. * 1 M rechts str, beide M wieder zurück auf die linke Nd heben und rechts verschränkt zusammenstr, ab * fortlaufend wdh. Zum Schluss den Faden abschneiden und durch die letzte M ziehen.

Anleitung

Mit der kurzen Rundstrickd für den Garter-Tab-Anschlag (siehe „So wird's gemacht") 3 M anschl. Im weiteren Verlauf bei größer werdender M-Zahl zu den längeren Rundstricknd wechseln.

1.-6. R: Kraus rechts str.

7. R: 3 M rechts, die Arbeit um 90° drehen, 3 M aus der seitlichen Kante herausstr, die Arbeit um 90° drehen und 3 M aus der Anschlagkante herausstr (= 9 M).

8. R: Rechte M str.

9. R: 3 Rdm, 1 U, 1 M rechts, 1 U, M-Markierer einhängen, Mittel-M rechts, M-Markierer einhängen, 1 U, 1 M rechts, 1 U, 3 Rdm (= 13 M).

10. R: Alle M und U rechts str, die M-Markierer an den entsprechenden Stellen überhängen.

11.-28. R: Lochmuster-Block 3x str (= 49 M).

29.-42. R: Kraus-rechts-Block 1x str (= 77 M).

43.-48. R: Lochmuster-Block 1x str (= 89 M).

49.-62. R: Kraus-rechts-Block 1x str (= 117 M).

63.-80. R: Lochmuster-Block 3x str (= 153 M).

81.-94. R: Kraus-rechts-Block 1x str (= 181 M).

95.-100. R: Lochmuster-Block 1x str (= 193 M).

101.-114. R: Kraus-rechts-Block 1x str (= 221 M).

115.-132. R: Lochmuster-Block 3x str (= 257 M).

133.-146. R: Kraus-rechts-Block 1x str (= 285 M).

In der nächsten R alle M elastisch abk.

Fertigstellen

Alle Fäden vernähen. Das Tuch anfeuchten und auf die angegebene Größe spannen, trocknen lassen.

Hinweis: Das Tuch kann beliebig in der Größe verändert werden. Dafür mehr oder weniger Kraus-rechts- und/oder Lochmusterblöcke arb. Bitte beachten, dass sich der Materialverbrauch entsprechend verändern kann.

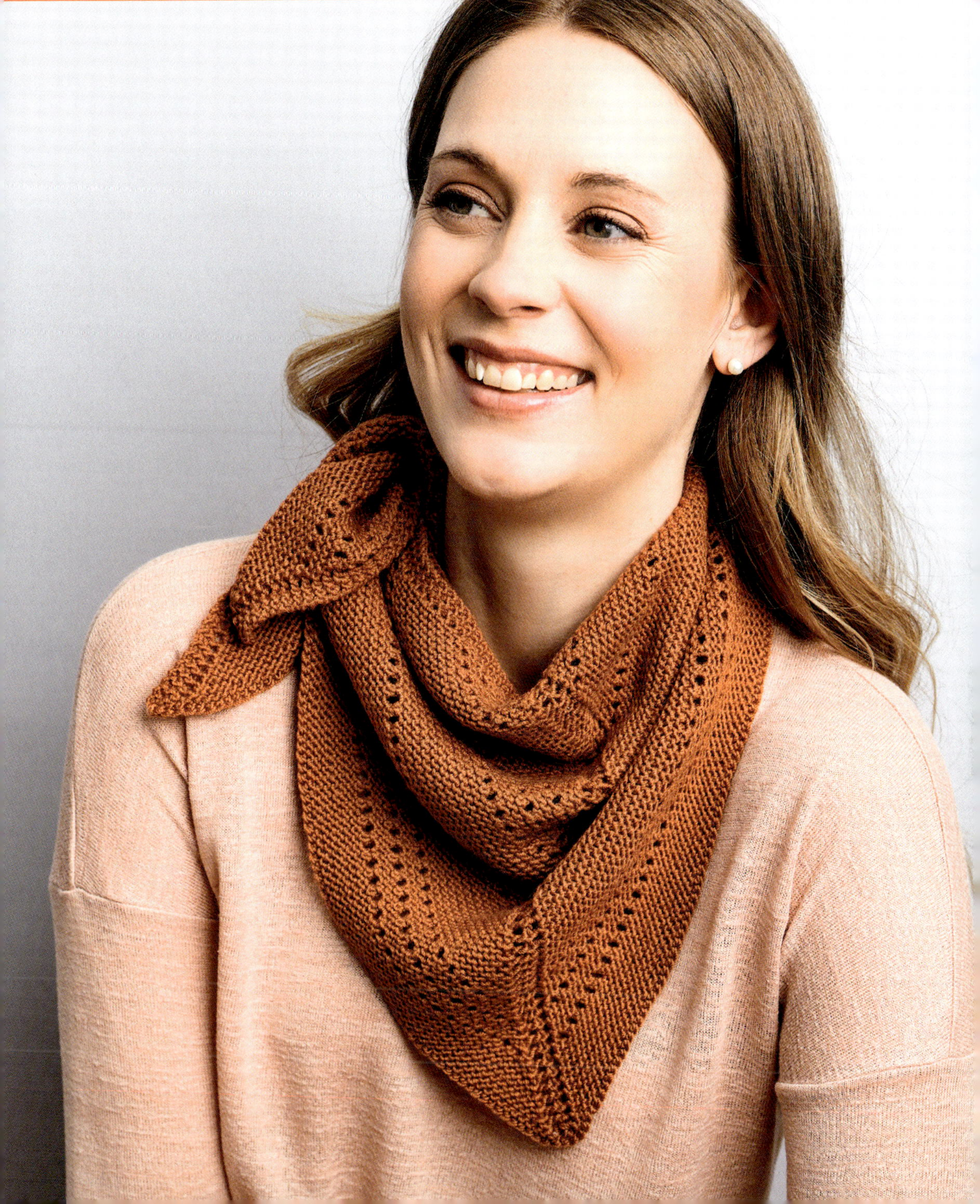

Juna

in vielen Größen schön

GRÖSSE
S/M/L

95/125/140 cm lang, 13/17/21 cm breit

Die Angaben für die verschiedenen Größen sind durch Schrägstriche voneinander getrennt. Steht nur eine Angabe, gilt diese für alle Größen.

Hinweis:

Der Schal wiegt in Größe S 30 g, in Größe M 48 g und in Größe L 70 g.

MATERIAL

- Lana Grossa Ecopuno (LL 215 m/50 g) in Mandarin (Fb 72), Himbeer (Fb 36) oder Blau (Fb 42), 50/50/100 g
- Rundstricknadel 3,5 mm, 60 cm lang
- Wollnadel

MASCHENPROBE
Im großen Perlmuster mit Nd 3,5 mm
30 M und 38 R
= 10 cm x 10 cm

Großes Perlmuster
(gerade Maschenzahl)

1. R: 1 M rechts, 1 M links im Wechsel str.
2. R: Die M str, wie sie erscheinen.
3. R: 1 M links, 1 M rechts im Wechsel str.
4. R: Die M str, wie sie erscheinen.
Die 1.-4. R fortlaufend wdh.

Großes Perlmuster
(ungerade Maschenzahl)

1. R: 1 M rechts, 1 M links im Wechsel str, enden mit 1 M rechts.
2. R: Die M str, wie sie erscheinen.
3. R: 1 M links, 1 M rechts im Wechsel str, enden mit 1 M links.
4. R: Die M str, wie sie erscheinen.

Doppelte Randmasche (DRdm)

Über die ersten und letzten beiden M jeder R wie folgt str: 1 M wie zum Linksstr abheben, 1 M rechts, bis 2 M vor R-Ende mustergemäß str, 1 M wie zum Linksstr abheben, 1 M rechts.

1 Masche verdoppeln

1 M rechts str, die M jedoch auf der linken Nd belassen. Noch einmal hinten in dieselbe M einstechen, die M also rechts verschränkt str. Die M von der linken Nd gleiten lassen.

Zunahmen in der doppelten Randmasche

1 M wie zum Linksstr abheben, 1 M verdoppeln, mustergemäß bis R-Ende str.

Abnahmen in der doppelten Randmasche

1 M wie zum Linksstr abheben, 2 M rechts überzogen zusammenstr (= 1 M wie zum Rechtstr abheben, 1 M rechts, die abgehobene M überziehen, mustergemäß bis R-Ende str.

Anleitung

6 M anschl und wie folgt zwischen DRdm im großen Perlmuster str:
1.+2. R (Hinr + Rückr): DRdm, 1 M rechts, 1 M links, DRdm.
3. R: DRdm, dabei die rechts gestrickte M verdoppeln,1 M links, 1 M rechts, DRdm (= 7 M).
4. und 5. R: DRdm, 1 M links, 1 M rechts, 1 M links, DRdm.
6. R: DRdm, 1 M rechts, 1 M links, 1 M rechts, DRdm.
7. R: DRdm, dabei die rechts gestrickte M verdoppeln, 1 M rechts, 1 M links, 1 M rechts, DRdm (= 8 M).
8. R: DRdm, 1 M links, 1 M rechts im Wechsel bis 2 M vor R-Ende str, DRdm.
9.+10. R: DRdm, 1 M rechts, 1 M links im Wechsel bis 2 M vor R-Ende str, DRdm.
11. R: DRdm, dabei die rechts gestrickte M verdoppeln, 1 M links, 1 M rechts im Wech-

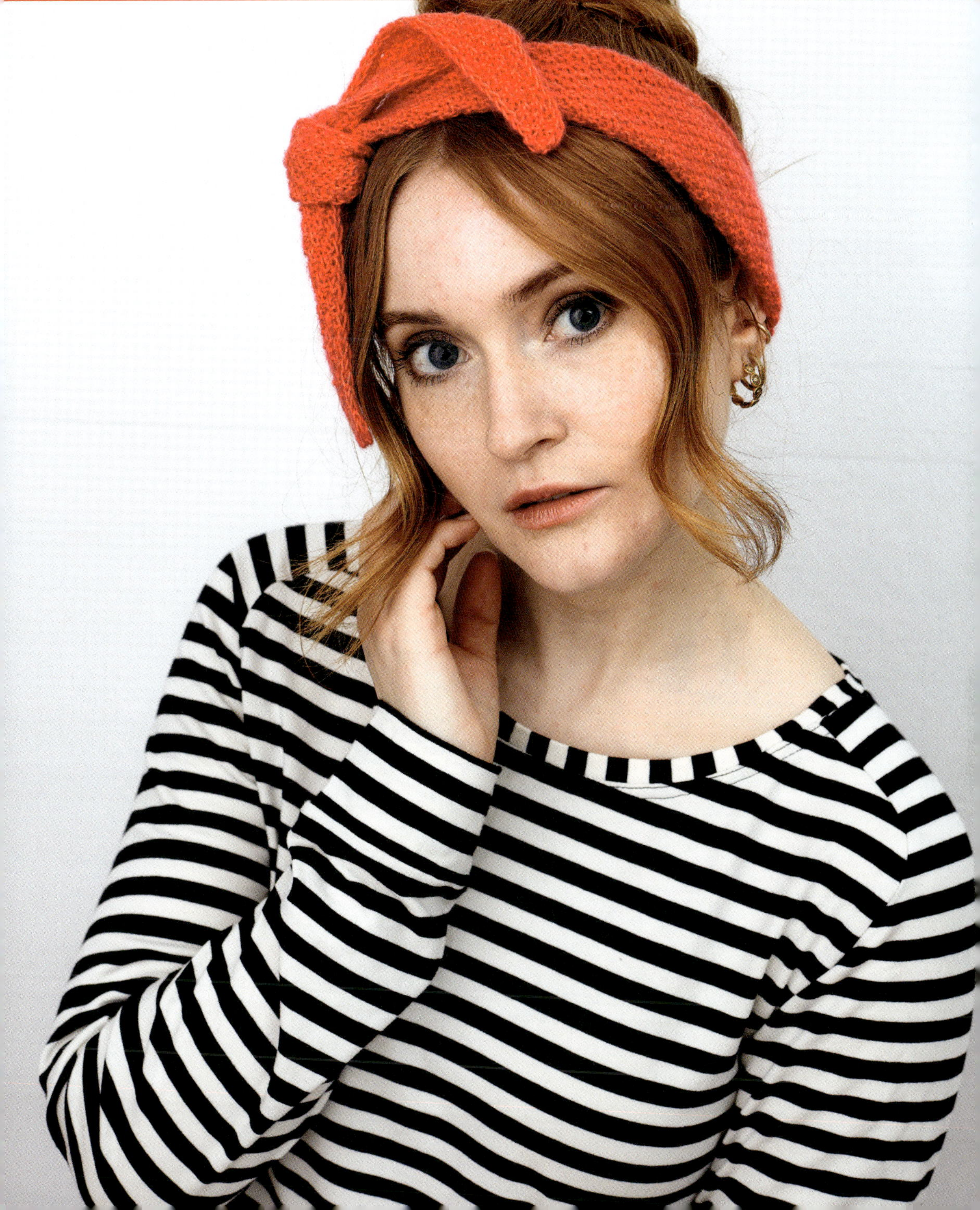

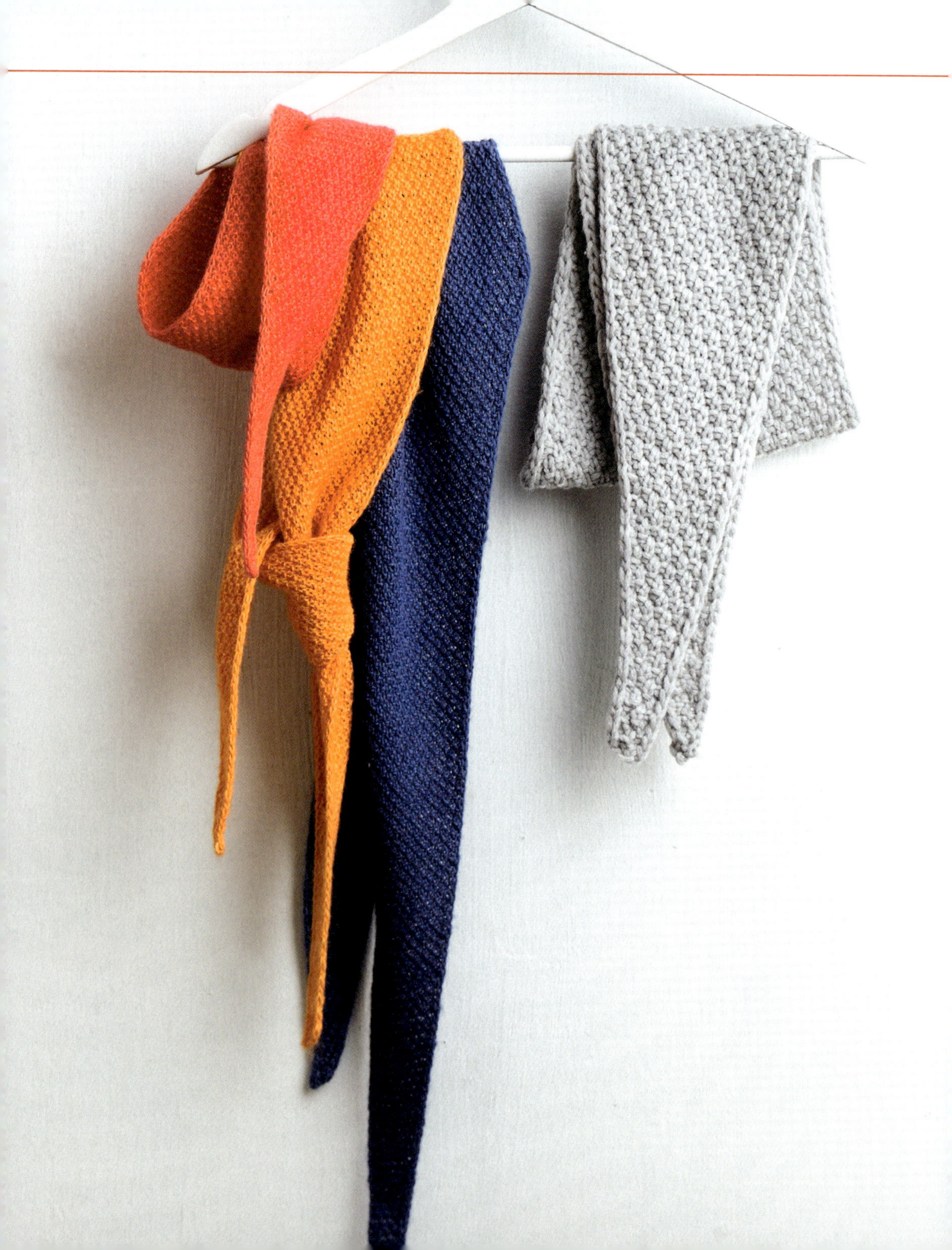

sel bis 2 M vor R-Ende str, DRdm (= 9 M).

12.+13 R: DRdm, 1 M links, 1 M rechts im Wechsel bis 3 M vor R-Ende str, 1 M links, DRdm.

14. R: DRdm, 1 M rechts, 1 M links im Wechsel bis 3 M vor R-Ende str, 1 M rechts, DRdm.

15. R: DRdm, dabei die rechts gestrickte M verdoppeln, 1 M rechts, 1 M links im Wechsel bis 3 M vor R-Ende str, 1 M rechts, DRdm (= 10 M).

Die 8.-15. R fortlaufend wdh, bis 46/54/62 M auf der Nd sind, d. h. in jeder 4. R zu Beginn der Hinr die rechts gestrickte M der DRdm verdoppeln und in der nächsten R ins große Perlmuster einfügen, zwischen den DRdm im großen Perlmuster str. Eine weitere 8. R str.

Jetzt ist die Tuchmitte erreicht. Ab jetzt an der rechten Kante, also zu Beginn der Hinr, anstelle der Zunahmen Abnahmen arb:

1. R: DRdm, dabei die rechts zu strickende M mit der folgenden M rechts überzogen zusammenstr (= die rechts zu strickende M der DRdm wie zum Rechtsstr abheben, 1 M rechts, die abgehobene M überziehen), 1 M links, 1 M rechts im Wechsel bis 3 M vor R-Ende str, 1 M links, DRdm (= 45/53/61 M).

2.+3. R: DRdm, 1 M rechts, 1 M links im Wechsel bis 3 M vor R-Ende str, 1 M rechts, DRdm.

4. R: DRdm, 1 M links, 1 M rechts im Wechsel bis 3 M vor R-Ende str, 1 M links, DRdm.

5. R: DRdm, dabei die rechts zu strickende M mit der folgenden M rechts überzogen zusammenstr, 1 M rechts, die abgehobene M überziehen, 1 M rechts, 1 M links im Wechsel bis 2 M vor R-Ende str, DRdm (= 44/52/60 M).

6. R: DRdm, 1 M rechts, 1 M links im Wechsel bis 2 M vor R-Ende str, DRdm.

7.+8. R: DRdm, 1 M links, 1 M rechts im Wechsel bis 2 M vor R-Ende str, DRdm.

Die 1.-8. R fortlaufend wdh, bis noch 6 M auf der Nd sind. In der nächsten R alle M abk, dabei die DRdm vor dem Abk rechts zusammenstr.

Fertigstellen

Alle Fäden vernähen. Den Schal anfeuchten und auf die angegebene Größe spannen, trocknen lassen.

Hinweis: Der Schal kann in der Größe beliebig verändert werden, dafür einfach mehr oder weniger Zunahmen str. Bitte beachten, dass sich die Garnmenge entsprechend verändern kann.

Mein Tipp für Sie

Mehrfarbig Der Schal kann auch in unterschiedlichen Farben gestrickt werden, eine gute Alternative, um Garnreste zu verbrauchen.

Variante

Es wurden 100 g Lana Grossa Alta Moda Cashmere 16 in Hellgrau meliert (Fb 039) mit Nd 8,0 mm verstrickt. In der Maschenprobe mit Nd 8,0 mm im großen Perlmuster ergeben 16 M und 21 R 10 cm x 10 cm. Gemäß Anleitung für den Schal aus Ecopuno arb, dabei jedoch die 8.-15. R wdh, bis 30 M auf der Nd sind. Der fertige Schal ist ca. 132 cm x 22 cm groß.

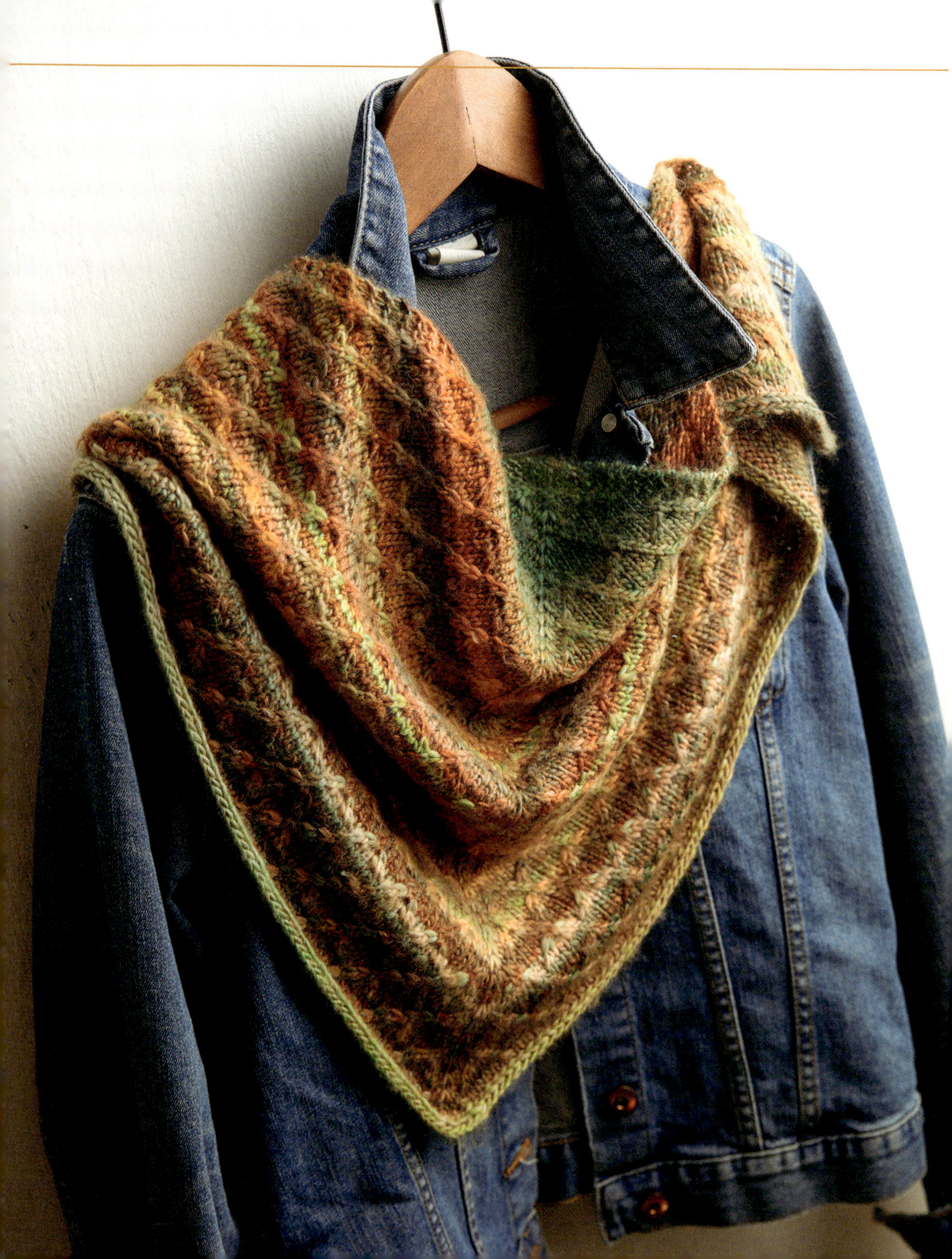

Ida

spannendes Rautendesign

GRÖSSE
ca. 90 cm x 40 cm

MATERIAL
- Lang Yarns Frida (LL 220 m/100 g) in Rost-Hellgrün (Fb 0002), 200 g
- Rundstricknadeln 4,0 mm, 60, 80 und 100 cm lang
- Zopf- oder Hilfsnadel
- 2 Maschenmarkierer
- Wollnadel

MASCHENPROBE
Im Rautenmuster mit Nd 4,0 mm
17 M und 30 R
= 10 cm x 10 cm

STRICKSCHRIFTEN
Seite 42

Kraus rechts
In Hin- und Rückr rechte M str.

Mittelmasche
Die Mittel-M glatt rechts str.

Glatt rechts
In Hinr rechte M, in Rückr linke M str.

Randmaschen
Die Rdm als Kraus-rechts-Rand über je 3 M str. Dafür die ersten und letzten 3 M jeder R rechts str.

Rautenmuster
Nach den Strickschriften 1 und 2 str. Es sind nur die Hinr gezeichnet. In den Rückr die ersten und letzten 3 M (Rdm) kraus rechts str, alle anderen M links str. Die 1.-28. R 1x str, dann die 17.-28. R 7x wdh, dabei jeden Höhenrapport um den M-Rapport erweitern. Dabei mit den M vor dem Rapport beginnen, den Rapport (grau hinterlegt) fortlaufend wdh und mit den M nach dem Rapport enden.

Abketten mit I-Cord-Rand
Aus der 1. M 3 M wie folgt herausstr: 1 M rechts, 1 M rechts verschränkt, 1 M rechts. Diese 3 M zurück auf die linke Nd heben. Dann * 2 M rechts, 2 M rechts überzogen zusammenstr (= 1 M wie zum Rechtsstr abheben, 1 M rechts, die abgehobene M überziehen), die 3. M zurück auf die linke Nd heben, ab * fortlaufend wdh, bis nur noch 3 M auf der Nd sind. Alle M abk.

Anleitung

Mit der kurzen Rundstricknd für den Garter-Tab-Anschlag (siehe „So wird's gemacht") 3 M anschl.

1.-6. R: Kraus rechts str.

7. R: 3 M rechts, die Arbeit um 90° drehen, 3 M aus der seitlichen Kante herausstr, die Arbeit um 90° drehen und 3 M aus der Anschlagkante herausstr.

8. R: 4 M rechts, 1 M-Markierer einhängen, 1 M rechts (= Mittel-M), 1 M-Markierer einhängen, 4 M rechts (= 9 M).

Nun im Rautenmuster nach den Strickschriften arb: Nach Strickschrift 1 bis zum 1. M-Markierer str, den M-Markierer überhängen, die Mittel-M glatt rechts str, den M-Markierer überhängen, dann nach Strickschrift 2 str. Bei zunehmender M-Zahl zu den längeren Rundstricknd wechseln.

Die 1.-28. R der Strickschriften 1x arb, dann die 17.-28. R 7x wdh, dabei jeden Höhenrapport um den M-Rapport erweitern.

In der nächsten Hinr alle M mit einem I-Cord-Rand abk.

Fertigstellen
Alle Fäden vernähen. Das Tuch anfeuchten und laut Größenangabe spannen, trocknen lassen.

Hinweis: Das Tuch kann in Länge und Breite beliebig verändert werden. Dafür die Anzahl der Wiederholungen der 17.-28. R verringern oder vergrößern. Bitte beachten, dass sich der Materialverbrauch entsprechend verändern kann.

Linnea

sommerlich leicht

GRÖSSE
ca. 140 cm x 20 cm

MATERIAL

- Lana Grossa Alta Moda Cotolana (LL 150 m/50 g) in Blau (Fb 15), 100 g
- Rundstricknadel 4,0 mm, 60 cm lang
- Wollnadel

MASCHENPROBE
Im Ajourmuster mit Nd 4,0 mm
21 M und 28 R
= 10 cm x 10 cm

STRICKSCHRIFT
Seite 43

Kraus rechts

In Hin- und Rückr rechte M str.

Randmaschen

Die Rdm als Kraus-rechts-Rand über je 3 M str. Dafür die ersten und letzten 3 M jeder R kraus rechts str.

Ajourmuster

Hinweis: Die Rdm sind eingezeichnet.

Nach der Strickschrift str. Es sind nur die Hinr gezeichnet. In den Rückr die ersten und letzten 3 M (Rdm) kraus rechts str, alle anderen M und U links str. Die 1.-36. R 1x str, dann die 25.-36. R fortlaufend wdh, bis 54 M auf der Nd sind. Anschließend 1x die 37.+38. R str. Die 39.-50. R fortlaufend wdh, bis 9 M auf der Nd sind. Danach die 51.-73. R 1x str. Dabei mit den M vor dem Rapport beginnen, den Rapport (grau hinterlegt) fortlaufend wdh und mit den M nach dem Rapport enden.

Anleitung

3 M anschl und im Ajourmuster gemäß der Strickschrift str. Die 1.-36. R 1x str, dann die 25.-36. R fortlaufend wdh, bis 54 M auf der Nd sind. Anschließend die 37.+38. R 1x str. Die 39.-50. R fortlaufend wdh, bis 9 M auf der Nd sind. Danach die 51.-73. R 1x str. In der nächsten R alle M abk.

Fertigstellen

Alle Fäden vernähen. Den Schal anfeuchten und laut Größenangabe spannen, trocknen lassen.

Hinweis: Der Schal kann beliebig in der Größe verändert werden. Dafür mehr oder weniger Wiederholungen der 25.-36. R arb. Bitte beachten, dass sich der Materialverbrauch entsprechend verändern kann.

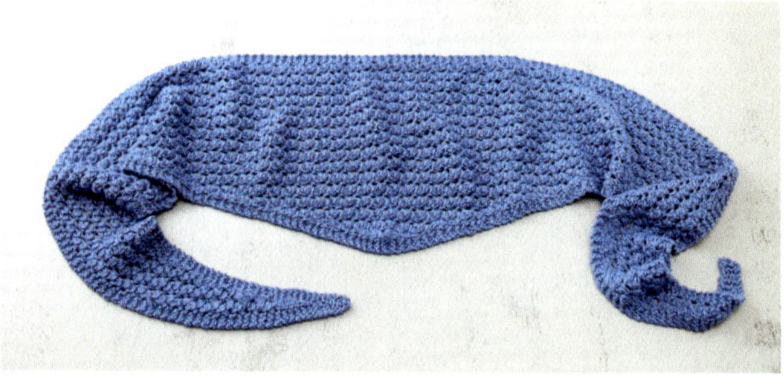

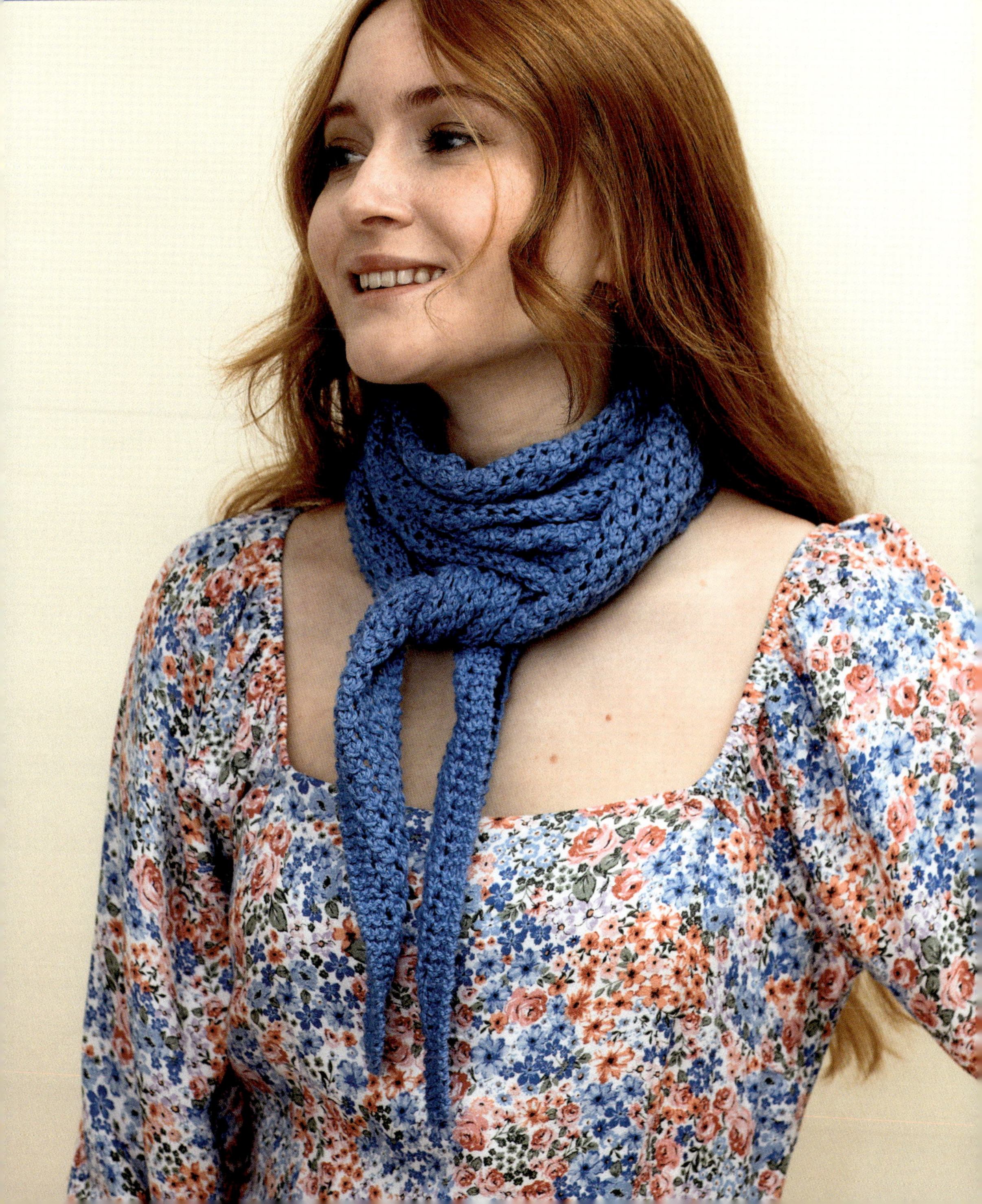

Thea

mit hübschen Tupfen

GRÖSSE
ca. 140 cm x 21 cm

MATERIAL
- Lang Yarns Alpaca Superlight (LL 199 m/25 g) in Offwhite (Fb 94) und Mint (Fb 58), je 25 g
- Rundstricknadel 4,0 mm, 60 cm lang
- Wollnadel

MASCHENPROBE
Im Hebemaschenmuster mit Nd 4,0 mm 28 M und 36 R = 10 cm x 10 cm

Randmaschen/I-Cord-Rand

Die Rdm als I-Cord-Rand über je 3 M str. Die ersten 3 M jeder R rechts str und die letzten 3 M jeder R wie zum Linksstr mit dem Faden vor der Arbeit abheben.

1 Masche linksgeneigt zunehmen

Mit der linken Nd von vorne nach hinten unter dem Querfaden zur nächsten M einstechen und so eine neue M auf die Nd heben. Diese M rechts verschränkt str.

1 Masche rechtsgeneigt zunehmen

Mit der linken Nd von hinten nach vorne unter den Querfaden zur nächsten M einstechen und so eine neue M auf die Nd heben. Diese M rechts str.

Hebemaschenmuster Farbkombination 1 und 2

1.+2. R (Offwhite/Mint): Rechte M str.
3. R (Mint/Offwhite): * 1 M wie zum Linksstr abheben, dabei den Faden hinter der M entlangführen, 1 M rechts, ab * fortlaufend wdh, 1 M wie zum Linksstr abheben, dabei den Faden hinter der M entlangführen.
4. R: * 1 M wie zum Linksstr abheben, dabei den Faden vor der M entlangführen, 1 M rechts, ab * fortlaufend wdh, 1 M wie zum Linksstr abheben, dabei den Faden vor der M entlangführen.
Die 1.-4. R fortlaufend wdh.

Anleitung

In Offwhite 6 M anschl.
1.+2. R (Hinr + Rückr): Über die 6 M wie angegeben den I-Cord-Rand str.
3.+4. R: Wie die 1. und 2. R str.
5. R (Mint): Rdm, 1 M linksgeneigt zunehmen, Rdm (= 7 M).
6. R: Rdm, 1 M rechts, Rdm.
7. R (Offwhite): Rdm, 1 M linksgeneigt zunehmen, 1 M rechts, 1 M rechtsgeneigt zunehmen, Rdm (= 9 M).
8. R: Rdm, 3 M rechts, Rdm.
9. R (Mint): Rdm, 1 M linksgeneigt zunehmen, 1 M rechts, 1 M wie zum Linksstr abheben, dabei den Faden hinter der M entlangführen, 1 M rechtsgeneigt zunehmen, 1 M rechts, Rdm (= 11 M).
10. R: Rdm, bis 3 M vor R-Ende rechte M str, Rdm.
Nun im Hebemaschenmuster Farbkombination 1 wie folgt str:
11. R (Offwhite): Rdm, 1 M linksgeneigt zunehmen, bis 3 M vor R-Ende rechts M str, 1 M rechtsgeneigt zunehmen, Rdm.
12. R: Wie die 10. R str.
13. R (Mint): Rdm, 1 M linksgeneigt zunehmen, * 1 M rechts, 1 M wie zum Linksstr abheben, dabei den Faden hinter der M entlangführen, ab * bis 4 M vor R-Ende fortlaufend wdh, 1 M rechts, 1 M rechtsgeneigt zunehmen, Rdm.

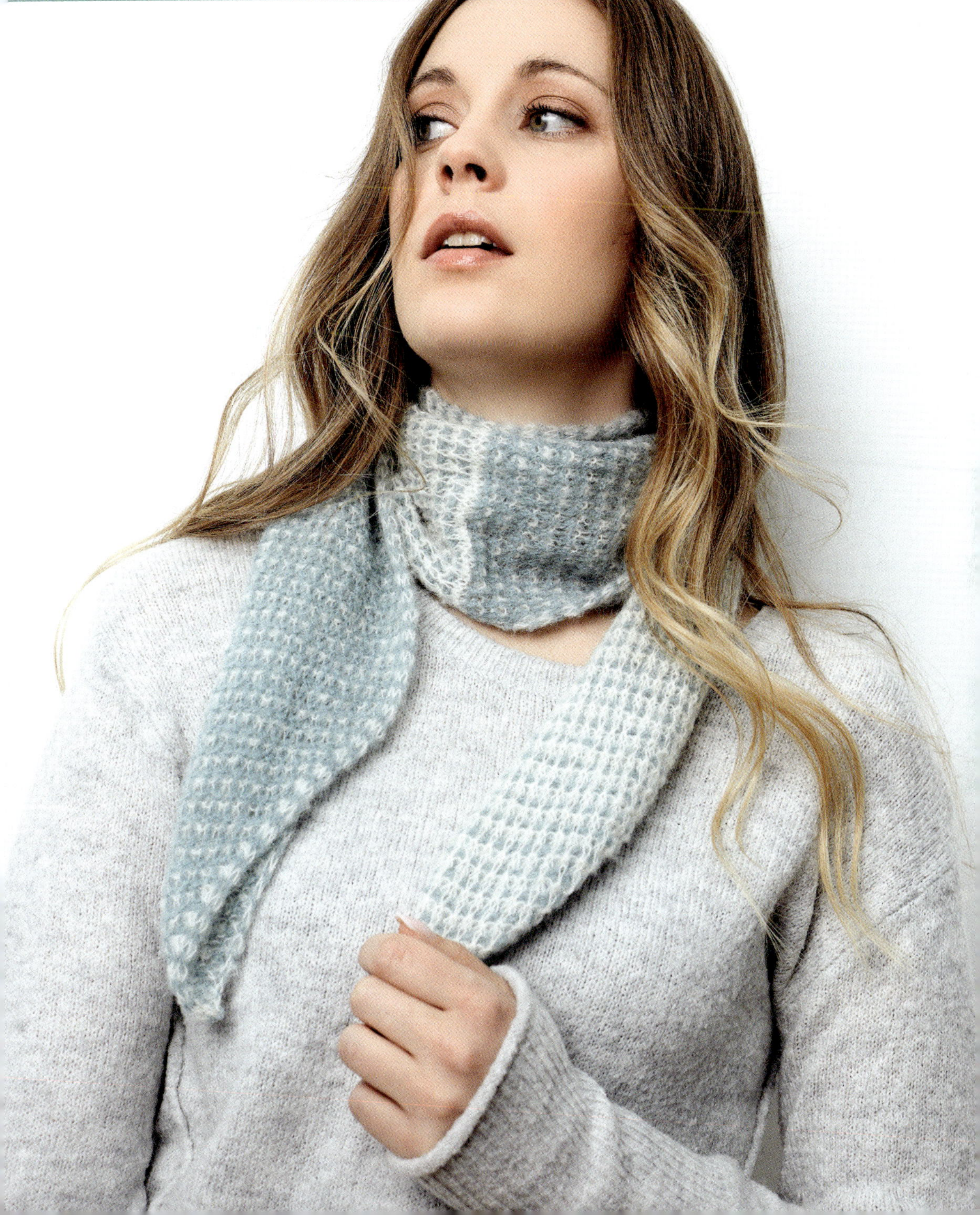

14. R: Rdm, * 1 M rechts, 1 M wie zum Linksstr abheben, dabei den Faden vor der M entlangführen, ab * bis 4 M vor R-Ende fortlaufend wdh, 1 M rechts, Rdm.
15.-62. R: Die 11.-14. R 12x wdh (= 63 M).
63. R (Offwhite): Rdm, bis 3 M vor R-Ende rechts M str, Rdm.
64. R: Wie die 63. R str.
65. R (Mint): Rdm, * 1 M wie zum Linksstr abheben, dabei den Faden hinter der M entlangführen, 1 M rechts, ab * bis 4 M vor R-Ende fortlaufend wdh, 1 M wie zum Linksstr abheben, dabei den Faden hinter der M entlangführen, Rdm.
66. R: Rdm, * 1 M wie zum Linksstr abheben, dabei den Faden vor der M entlangführen, 1 M rechts, ab * bis 4 M vor R-Ende fortlaufend wdh, 1 M wie zum Linksstr abheben, dabei den Faden vor der M entlangführen, Rdm.
Die 63.-66. R fortlaufend wdh bis zu einer Höhe von ca. 70 cm.
Noch 1x die 63. und 64. R in Offwhite str.

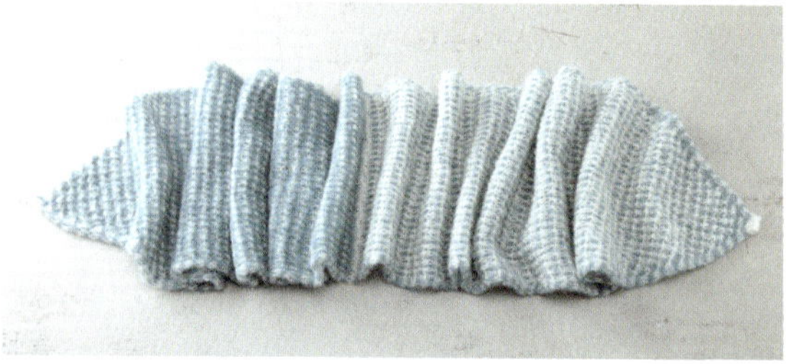

Die Schalmitte ist erreicht. Die zweite Hälfte des Schals im Hebemaschenmuster Farbkombination 2 wie folgt str:
1.+2. R (Mint): Rdm, bis 3 M vor R-Ende rechte M str, Rdm.
3. R (Offwhite): Rdm, * 1 M wie zum Linksstr abheben, dabei den Faden hinter der M entlangführen, 1 M rechts, ab * bis 4 M vor R-Ende fortlaufend wdh, 1 M wie zum Linksstr abheben, dabei den Faden hinter der M entlangführen, Rdm.
4. R: Rdm, * 1 M wie zum Linksstr abheben, dabei den Faden vor der M entlangführen, 1 M rechts, ab * bis 4 M vor R-Ende fortlaufend wdh, 1 M wie zum Linksstr abheben, dabei den Faden vor der M entlangführen, Rdm.
Die 1.-4. R fortlaufend über die gleiche Länge wie der gerade Teil der ersten Hälfte des Schals wdh. Noch 1x die 1. und 2. R in Mint str.
Ab jetzt die Abnahmen für die Schalspitze arb. Wie folgt Abnahmen im I-Cord-Rand str:

1.+2. R (Offwhite): Rdm, dabei die 3. M des I-Cord-Rands mit der nächsten M rechts zusammenstr, mustergemäß bis 3 M vor R-Ende str, Rdm.
3.+4. R (Mint): Rdm, dabei die 3. M des I-Cord-Rands mit der nächsten M rechts zusammenstr, bis 3 M vor R-Ende rechts M str, Rdm.
Die 1.-4. R fortlaufend wdh, bis noch 7 M auf der Nd sind.
Nächste Hinr (Offwhite): Rdm, dabei die 3. M des I-Cord-Rands mit der nächsten M rechts zusammenstr, Rdm (= 6 M).
Nächste Rückr: Über die 6 M wie angegeben den I-Cord-Rand str.
Nächste 3 R (Mint): Über die 6 M wie angegeben den I-Cord-Rand str.
In der nächsten R alle M abk.

Fertigstellen

Alle Fäden vernähen. Den Schal anfeuchten und auf die angegebene Größe spannen, trocknen lassen.

Hinweis: Der Schal kann beliebig in der Größe verändert werden. Für einen breiteren oder schmaleren Schal mehr oder weniger Wiederholungen der 11.-14. R arb und für einen längeren oder kürzeren Schal mehr oder weniger Wiederholungen der 63.-66. R. Bitte beachten, dass sich der Materialverbrauch entsprechend verändern kann.

Jördis

dekorativ verzopft

GRÖSSE
ca. 145 cm x 18 cm

MATERIAL
- Rowan Felted Tweed (LL 175 m/50 g) in Tawny (Fb 186) 100 g
- Rundstricknadel 3,5 mm, 60 cm lang
- Zopf- oder Hilfsnadel
- Wollnadel

MASCHENPROBE
Im Zopfmuster
mit Nd 3,5 mm
21 M und 28 R
= 10 cm x 10 cm

STRICK-SCHRIFTEN
Seite 44 und 45

Randmaschen/I-Cord-Rand
Die Rdm als I-Cord-Rand über je 3 M str. Die ersten 3 M jeder R rechts str und die letzten 3 M jeder R wie zum Linksstr mit dem Faden vor der Arbeit abheben.

Glatt rechts
In Hinr rechte M, in Rückr linke M str.

Glatt links
In Hinr linke M, in Rückr rechte M str.

Rechtsgeneigte Zunahme rechts stricken
Mit der linken Nd von hinten nach vorne unter den Querfaden zur nächsten M einstechen und so eine neue M auf die Nd heben. Diese M rechts str.

Rechtsgeneigte Zunahme links stricken
Mit der linken Nd von hinten nach vorne unter den Querfaden zur nächsten M einstechen und so eine neue M auf die Nd heben. Diese M links str.

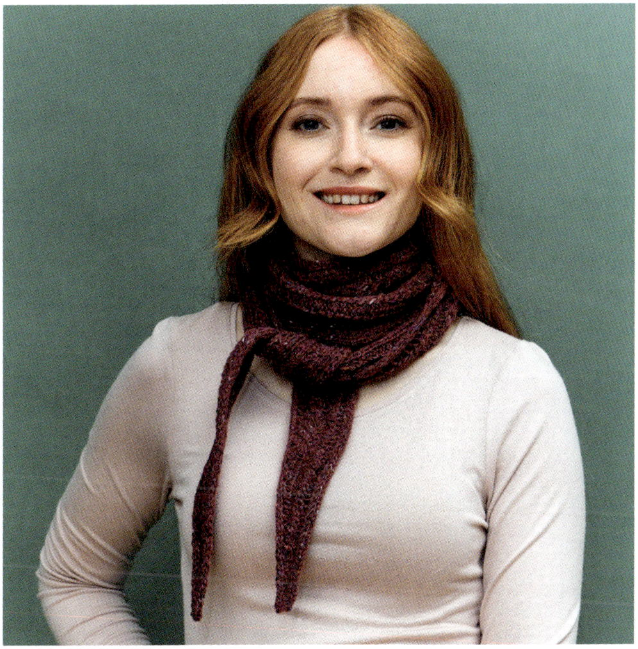

Zopfmuster

Zwischen den Rdm nach den Strickschriften str.

Hinweis: Die Rdm sind nicht eingezeichnet.

Strickschrift 1 – Zunahmen

Es sind nur die Hinr gezeichnet. In den Rückr die M str, wie sie erscheinen. Die 1.-120. R 1x str, dann die 97.-120. R fortlaufend wdh. Dabei mit den M vor dem Rapport beginnen, den Rapport (grau hinterlegt) fortlaufend wdh und mit den M nach dem Rapport enden.

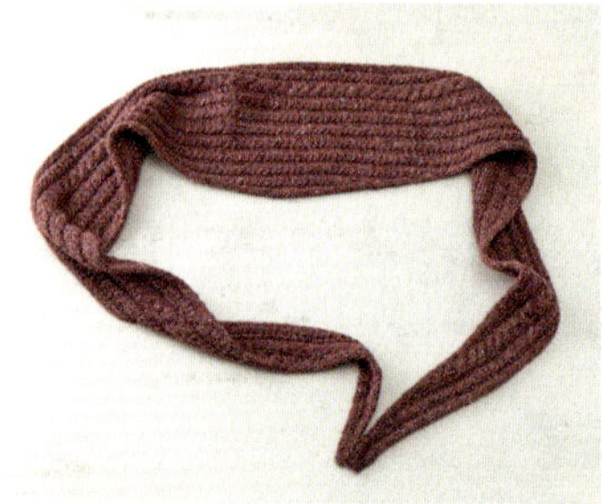

Strickschrift 2 – Abnahmen

Es sind nur die Hinr gezeichnet. In den Rückr die M mustergemäß str. Die 1.-24. R fortlaufend wdh bis noch 22 M (inkl. Rdm) auf der Nd sind. Dabei mit den M vor dem Rapport beginnen, den Rapport (grau hinterlegt) fortlaufend wdh und mit den M nach dem Rapport enden. Dann die 25.-114. R 1x str.

Anleitung

6 M anschl.

1.-6. R: Über die 6 M wie angegeben den I-Cord-Rand str.

Ab der 7. R im Zopfmuster gemäß Strickschrift 1 für die Zunahmen str. Die 1.-120. R 1x str (= 26 M), dann die 97.-120. R 5x wdh (= 46 M), dabei mit den M vor dem Rapport beginnen, den Rapport fortlaufend wdh und mit den M nach dem Rapport enden. Dann im Zopfmuster gemäß Strickschrift 2 für die Abnahmen str. Die 1.-24. R fortlaufend wdh bis noch 22 M (inkl. Rdm) auf der Nd sind. Dabei mit den M vor dem Rapport beginnen, den Rapport fortlaufend wdh und mit den M nach dem Rapport enden. Dann 1x die 25.-114. R str. In der nächsten R die 3. rechts gestrickte M des I-Cord-Rands mit der folgenden M rechts zusammenstr (= 6 M). Über weitere 5 R die 6 M als I-Cord-Rand str. In der nächsten R alle M abk.

Fertigstellen

Alle Fäden vernähen. Das Tuch anfeuchten und laut Größenangabe spannen, trocknen lassen.

Hinweis: Das Tuch kann beliebig in der Größe verändert werden. Dafür mehr oder weniger Wiederholungen der 97.-120. R arb. Bitte beachten, dass sich der Materialverbrauch entsprechend verändern kann.

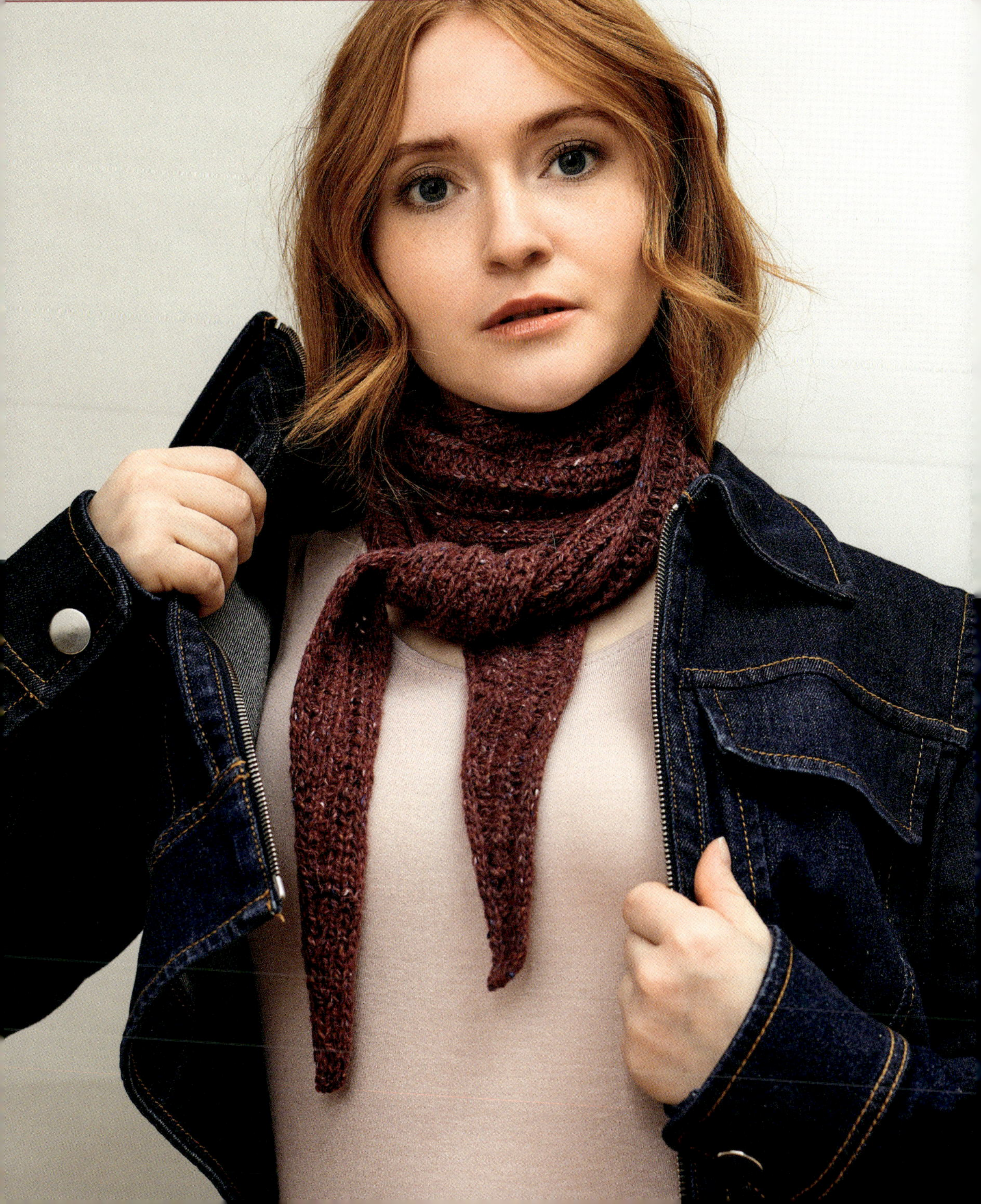

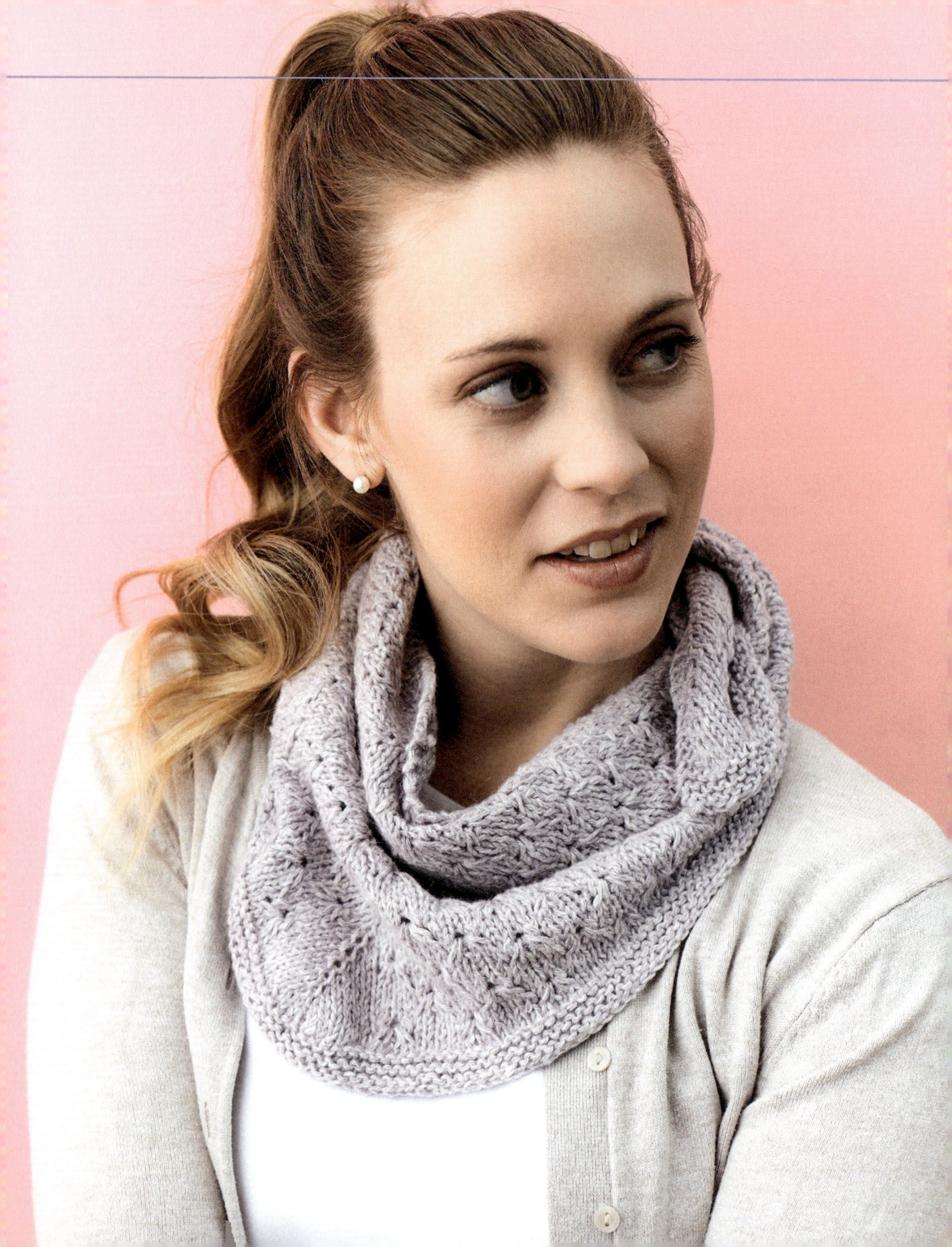

Amalia

mit zartem Streumuster

GRÖSSE
ca. 90 cm x 40 cm

MATERIAL
- Lana Grossa Cara (LL 120 m/50 g) in Lila (Fb 08), 150 g
- Rundstricknadeln 4,5 mm, 60, 80 und 100 cm lang
- 2 Maschenmarkierer

MASCHENPROBE
Im Streumuster mit Nd 4,5 mm
19 M und 28 R
= 10 cm x 10 cm

STRICKSCHRIFT
Seite 46

Randmaschen
Die ersten und letzten 3 M jeder R rechts str.

Glatt rechts
In Hinr rechte M, in Rückr linke M str.

Mittelmasche
Die Mittel-M glatt rechts str.

Streumuster
Nach der Strickschrift str. Es sind nur die Hinr gezeichnet. In den Rückr alle M und U links str. Die 1.-28. R 1x str. Dann die 21.-28. R wie angegeben wdh, dabei mit den M vor dem Rapport beginnen, den Rapport (grau hinterlegt) fortlaufend wdh und mit den M nach dem Rapport enden.

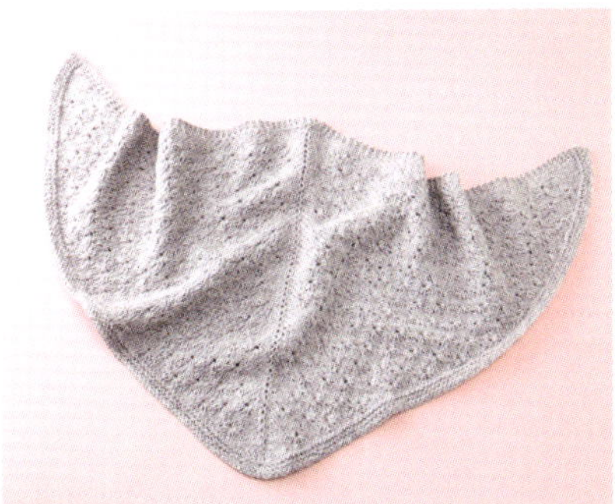

Anleitung
Mit der kurzen Rundstricknd für den Garter-Tab-Anschlag (siehe „So wird's gemacht") 3 M anschl.
1.-6. R: Kraus rechts str.
7. R: 3 M rechts, die Arbeit um 90° drehen, 3 M aus der seitlichen Kante herausstr.
8. R: 4 M rechts, 1 M-Markierer einhängen, 1 M rechts (= Mittel-M), 1 M-Markierer einhängen, 4 M rechts (= 9 M).
Nun die ersten beiden R wie folgt str:
1. R (Hinr): 3 M rechts (= 3 Rdm), 1 M linksgeneigt zunehmen, 3 M rechts, 1 M rechtsgeneigt zunehmen, 3 Rdm (= 11 M).
2. R (Rückr): 3 Rdm, 5 M links, 3 Rdm.
Ab der 3. R wie folgt str: 3 Rdm, Streumuster gemäß Strickschrift, M-Markierer überhängen, Mittel-M glatt rechts, M-Markierer überhängen, Streumuster gemäß Strickschrift, 3 Rdm. Zwischen den Rdm die 21.-28. R 1x str (= 67 M). Dann die 21.-28. R der Strickschrift 9x arb (= 211 M). Zuletzt noch 1x die 25.-28. R str (= 219 M). 7 R rechte M str, dabei in der letzten R alle M abk.

Fertigstellen
Alle Fäden vernähen. Das Tuch anfeuchten und laut Größenangabe spannen, trocknen lassen.

Hinweis: Um das Tuch in Breite und Länge zu verändern, mehr oder weniger Wiederholungen der 21.-28. R arb. Der Materialverbrauch kann sich entsprechend verändern.

Maja

niedlicher Mini-Loop

GRÖSSE
ca. 22 cm x 20 cm

MATERIAL
- Lana Grossa Alta Moda Cashmere 16 (LL 110 m/50 g) in Zartrosa (Fb 39), 50 g
- Rundstricknadel 8,0 mm, 60 cm lang
- Wollnadel

MASCHENPROBE
Glatt rechts
mit Nd 8,0 mm
15 M und 22 R
= 10 cm x 10 cm

STRICKSCHRIFT
Seite 43

Kraus rechts

In Rd 1 Rd rechte M, 1 Rd linke M im Wechsel str.

Ajourmuster

Nach der Strickschrift str. Es sind nur die ungeraden Rd gezeichnet. In den geraden Rd alle M und U rechts str. Den Rapport von 12 M fortlaufend wdh. Die 1.-14. Rd 1x str, dann die 13. und 14. Rd fortlaufend wdh.

Anleitung

72 M anschl und zur Rd schließen. 2 Rd kraus rechts str.
Dann im Ajourmuster gemäß der Strickschrift arb. Die 1.-14. Rd 1x str, dann die 13. und 14. Rd bis zu einer Höhe von ca. 19 cm fortlaufend wdh.
1 Rd linke M str. In der nächsten Rd rechte M str und dabei alle M abk.

Fertigstellen

Alle Fäden vernähen. Den Loop anfeuchten und laut Größenangabe spannen, trocknen lassen.

Hinweis: Der Loopschal kann im Umfang um jeweils 12 M vergrößert oder verkleinert werden verändert, ebenso kann in der Höhe variiert werden. Dafür nach Belieben mehr oder weniger Wiederholungen der 13. und 14. Rd arb. Bitte beachten, dass sich dann der Materialverbrauch verändern kann und ggf. die Länge der Rundstricknd entsprechend angepasst werden muss.

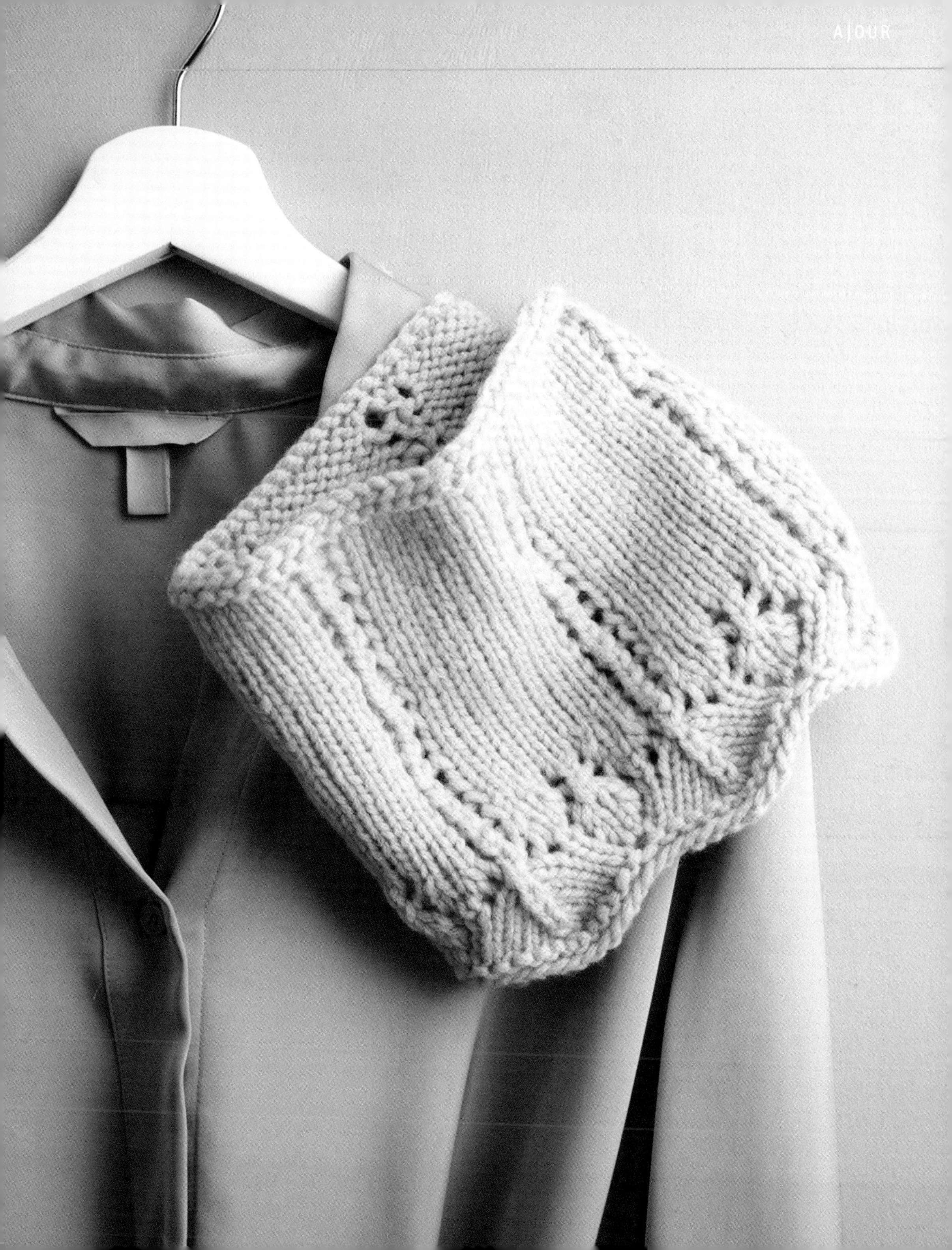

Die Noppen werden in der Kontrastfarbe jeweils in der Rückreihe eingestrickt und treten dann auf der Vorderseite hervor. Sie sind ein toller Blickfang und verleihen dem Tuch eine schöne Griffigkeit.

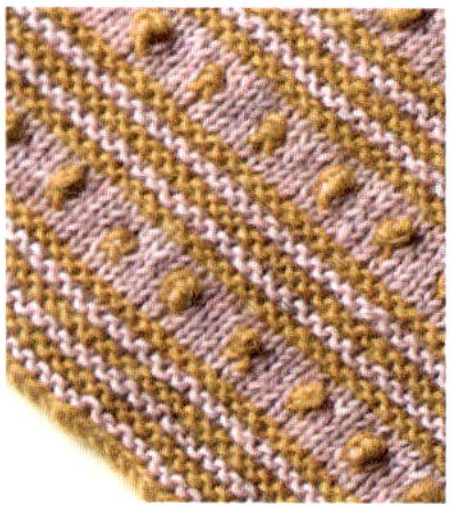

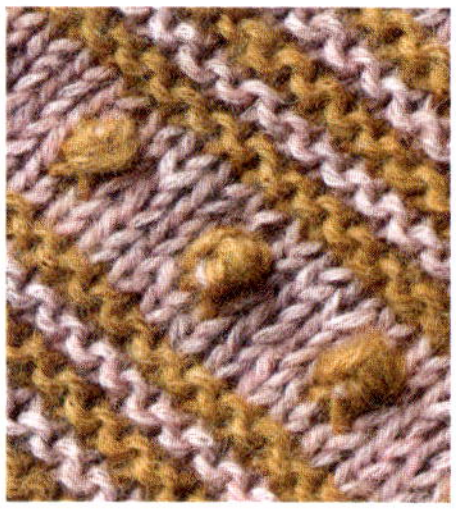

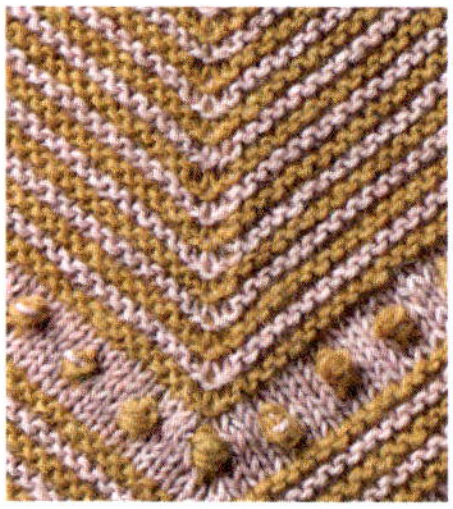

Agneta

mit kleinen Noppen

GRÖSSE
ca. 95 cm x 39 cm

MATERIAL
- Lana Grossa Ecopuno (LL 215 m/50 g) in Antikviolett (Fb 70) und Currygelb (Fb 53), je 50 g
- Rundstricknadeln 3,5 mm, 60, 80 und 100 cm lang
- 4 Maschenmarkierer
- Wollnadel

MASCHENPROBE
Kraus rechts mit Nd 3,5 mm
24 M und 44 R
= 10 cm x 10 cm

Randmaschen
Die Rdm als Kraus-rechts-Rand über je 3 M str. Dafür die ersten und letzten 3 M jeder R rechts str.

Kraus rechts
In Hin- und Rückr rechte M str.

Kraus rechts mit Zunahmen
Hinr: 3 Rdm, M-Markierer überhängen, 1 M linksgeneigt zunehmen, rechte M bis zum M-Markierer str, 1 M rechtsgeneigt zunehmen, M-Markierer überhängen, Mittel-M rechts, M-Markierer überhängen, 1 M linksgeneigt zunehmen, rechte M bis M-Markierer str, 1 M rechtsgeneigt zunehmen, M-Markierer überhängen, 3 Rdm (= 4 M zugenommen).
Rückr: Alle M rechts str, die M-Markierer überhängen.

Glatt rechts
In Hinr rechte M, in Rückr linke M str.

Glatt rechts mit Zunahmen
Hinr: 3 Rdm, M-Markierer überhängen, 1 M linksgeneigt zunehmen, rechte M bis zum M-Markierer str, 1 M rechtsgeneigt zunehmen, M-Markierer überhängen, Mittel-M rechts, M-Markierer überhängen, 1 M linksgeneigt zunehmen, rechte M bis M-Markierer str, 1 M rechtsgeneigt zunehmen, M-Markierer überhängen, 3 Rdm (= 4 M zugenommen).
Rückr: Die ersten und letzten 3 M rechts (= Rdm), alle anderen M links str, die M-Markierer überhängen.

Mittelmasche
Die Mittel-M kraus rechts str.

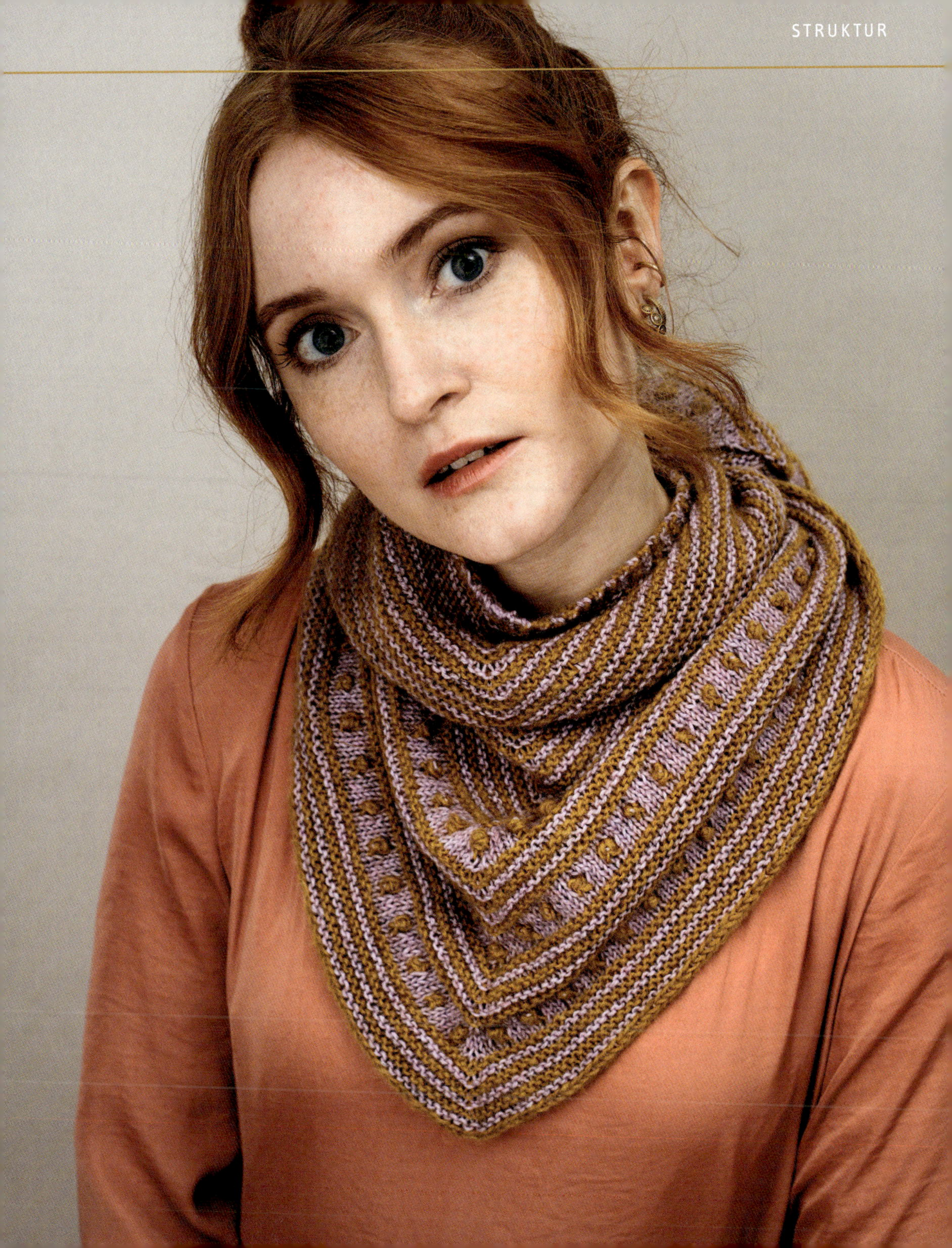

1 Masche linksgeneigt zunehmen

Mit der linken Nd von vorne nach hinten unter den Querfaden zur nächsten M einstechen und so eine neue M auf die Nd heben. Diese M rechts verschränkt str.

1 Masche rechtsgeneigt zunehmen

Mit der linken Nd von hinten nach vorne unter den Querfaden zur nächsten M einstechen und so eine neue M auf die Nd heben. Diese M rechts str.

Noppe

Die Noppen werden in den Rückr gestrickt. Sie wölben sich nach hinten und erscheinen so auf der Vorderseite als Noppe.
1 Noppe: Aus 1 M [1 M rechts, 1 M rechts verschränkt] 2x herausstr, dann nacheinander die 3., 2. und 1. M über die 4. M ziehen.

2 Noppenreihen

Hinr (Antikviolett): Glatt rechts mit Zunahmen str.
Rückr: In Antikviolett 3 Rdm, 3 M links, * 1 Noppe in Currygelb, 3 M links in Antikviolett, ab * fortlaufend wdh, enden mit 3 Rdm, dabei den nicht benötigten Faden auf der Rückseite mitführen und auf eine gleichmäßige Fadenspannung achten.

Noppenblock

2 R glatt rechts mit Zunahmen in Antikviolett
2 Noppen-R (= Hin- und Rückr)
2 R glatt rechts mit Zunahmen in Antikviolett
(= 12 M zugenommen)

Streifenfolge

Im Wechsel 2 R kraus rechts in Currygelb und 2 R kraus rechts in Antikviolett str.

Abketten mit I-Cord-Rand

Aus der 1. M 3 M wie folgt herausstr: 1 M rechts, 1 M rechts verschränkt, 1 M rechts. Diese 3 M zurück auf die linke Nd heben. Dann * 2 M rechts, 2 M rechts überzogen zusammenstr (= 1 M wie zum Rechtsstr abheben, 1 M rechts, die abgehobene M überziehen), die 3 M zurück auf die linke Nd heben, ab * fortlaufend wdh, bis nur noch 3 M auf der Nd sind. Alle M abk.

Anleitung

Mit der kurzen Rundstricknd in Antikviolett für den Garter-Tab-Anschlag (siehe „So wird's gemacht") 3 M anschl.
1.–6. R: Kraus rechts str.
7. R: 3 M rechts, die Arbeit um 90° drehen, 3 M aus der seitlichen Kante herausstr, die Arbeit um 90° drehen und 3 M aus der Anschlagkante herausstr.
8. R: 3 M rechts (= Rdm), M-Markierer einhängen, 1 M rechts, M-Markierer einhängen, 1 M rechts (= Mittel-M), M-Markierer einhängen, 1 M rechts, M-Markierer einhängen, 3 M rechts (= Rdm) (= 9 M).
Ab jetzt die Streifenfolge, mit Currygelb beginnend, einhalten und kraus rechts mit Zunahmen str, bis insgesamt 181 M auf der Nd sind. Bei zunehmender M-Zahl zu den längeren Rundstricknd wechseln. Anschließend einen Noppenblock str (= 193 M).
Dann in der Streifenfolge 10 R kraus rechts mit Zunahmen str, dabei mit 2 R Currygelb beginnen und enden (= 213 M).
Einen weiteren Noppenblock str (= 225 M). Danach in der Streifenfolge 10 R kraus rechts mit Zunahmen str, dabei mit 2 R Currygelb beginnen und enden (= 245 M).
Wieder einen Noppenblock str (= 257 M).

Dann in der Streifenfolge 12 R kraus rechts mit Zunahmen str, dabei mit 2 R Currygelb beginnen (= 281 M). In der nächsten Hinr in Currygelb die M mit einem I-Cord-Rand abk.

Fertigstellen

Alle Fäden vernähen. Das Tuch anfeuchten, laut Größenangabe spannen und trocknen lassen.

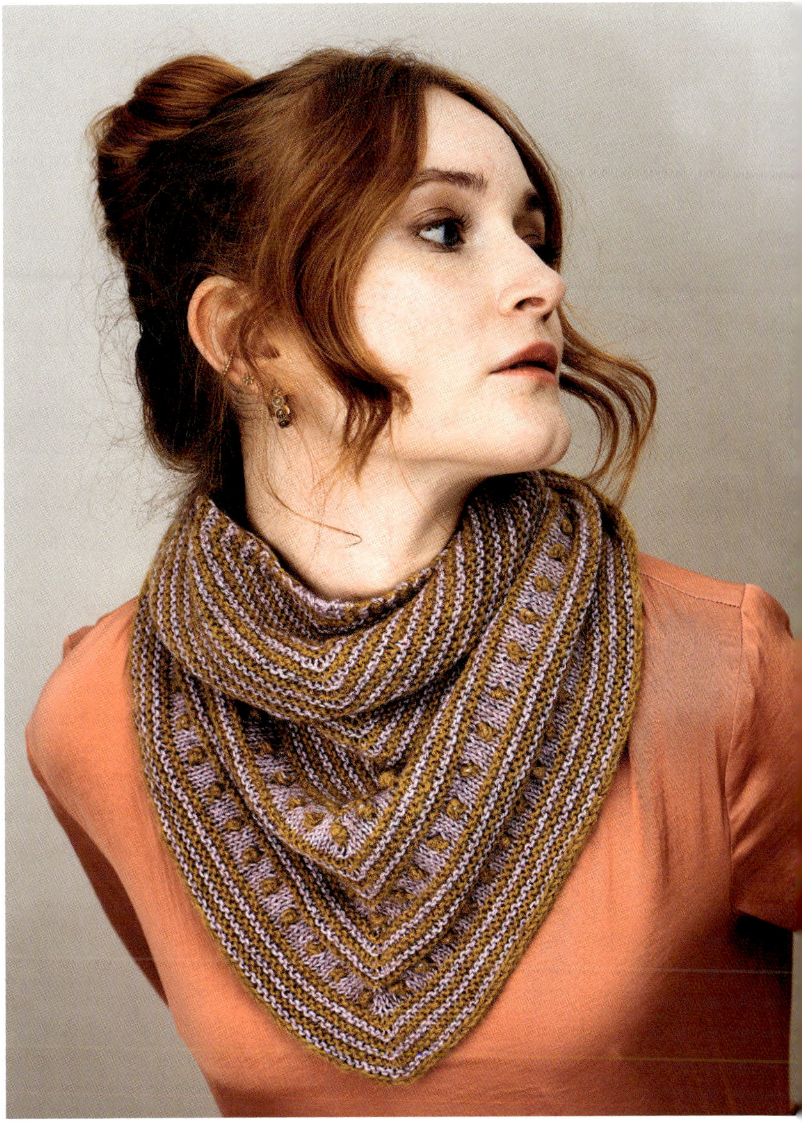

Lene

hübsch verflochten

GRÖSSE

ca. 105 cm x 17 cm/ 150 cm x 22 cm

Die Angaben für die beiden Größen sind durch einen Schrägstrich voneinander getrennt. Steht nur eine Angabe, gilt diese für beide Größen.

MATERIAL

- Lana Grossa Cool Wool (LL 160 m/50 g) in Graublau (Fb 2037), 50/100 g
- Rundstricknadel 4,0 mm, 60 cm lang
- Wollnadel

MASCHENPROBE

Im Flechtmuster mit Nd 4,0 mm 25 M und 28 R = 10 cm x 10 cm

STRICKSCHRIFTEN

Seite 47

1 Masche linksgeneigt zunehmen

Mit der linken Nd von vorne nach hinten unter den Querfaden zur nächsten M einstechen und so eine neue M auf die Nd heben. Diese M rechts verschränkt str.

Randmaschen/I-Cord-Rand

Die Rdm als I-Cord-Rand über je 3 M str. Die ersten 3 M jeder R rechts str und die letzten 3 M jeder R wie zum Linksstr mit dem Faden vor der Arbeit abheben.

Flechtmuster 1

Hinweis: Die Rdm sind nicht eingezeichnet.

Zwischen den Rdm gemäß Strickschrift 1 str. Es sind nur die Hinr gezeichnet. In den Rückr zwischen den Rdm alle M links str. Die 1.-48. R 1x str, dann die 25.-48. R 4x/8x wdh. Dabei mit den M vor dem Rapport beginnen und den Rapport (grau hinterlegt) fortlaufend wdh.

Flechtmuster 2

Hinweis: Die Rdm sind nicht eingezeichnet.

Zwischen den Rdm gemäß Strickschrift 2 str. Mit den M vor dem Rapport beginnen und den Rapport (grau hinterlegt) fortlaufend wdh. Es sind nur die Hinr gezeichnet. In den Rückr zwischen den Rdm alle M links str. Die 1.-24. R 3x/7x str, dann die 1.-68. R 1x str.

Anleitung

6 M anschl.

1.-12. R: Über die 6 M wie angegeben den I-Cord-Rand str.

Nun zwischen den Rdm (I-Cord-Rand) im Flechtmuster 1 gemäß Strickschrift 1 arb. Die 1.-48. R 1x str, dann die 25.-48. R 4x/8x wdh (= 42/66 M). Anschließend zwischen den Rdm (I-Cord-Rand) im Flechtmuster 2 gemäß Strickschrift 2 arb. Die 1.-24. R 3x/7x str, dann die 1.-68. R 1x str (= 7 M).

Nächste R: 2 M rechts, 2 M rechts zusammenstr, Rdm (= 6 M).

In den folgenden 12 R über die 6 M den I-Cord-Rand str.

Nächste R: Alle M abk.

Fertigstellen

Alle Fäden vernähen. Den Schal anfeuchten, auf die angegebene Größe spannen und trocknen lassen.

Hinweis: Der Schal kann beliebig in der Größe verändert werden. Dafür nach Belieben mehr oder weniger Wiederholungen der 25.-48. R arb. Bitte beachten, dass sich der Materialverbrauch entsprechend verändern kann.

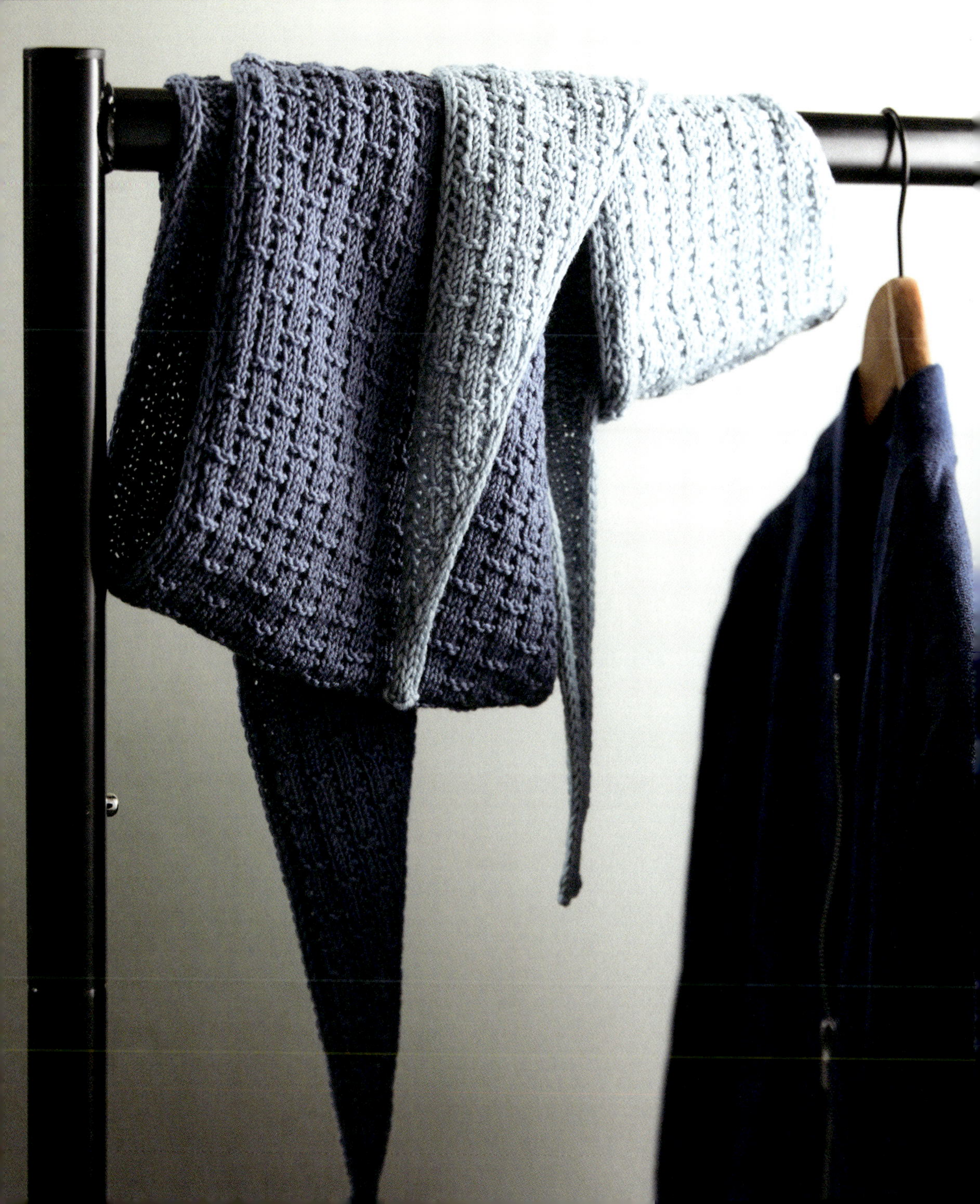

Rikke

verspielt mit Rüschen

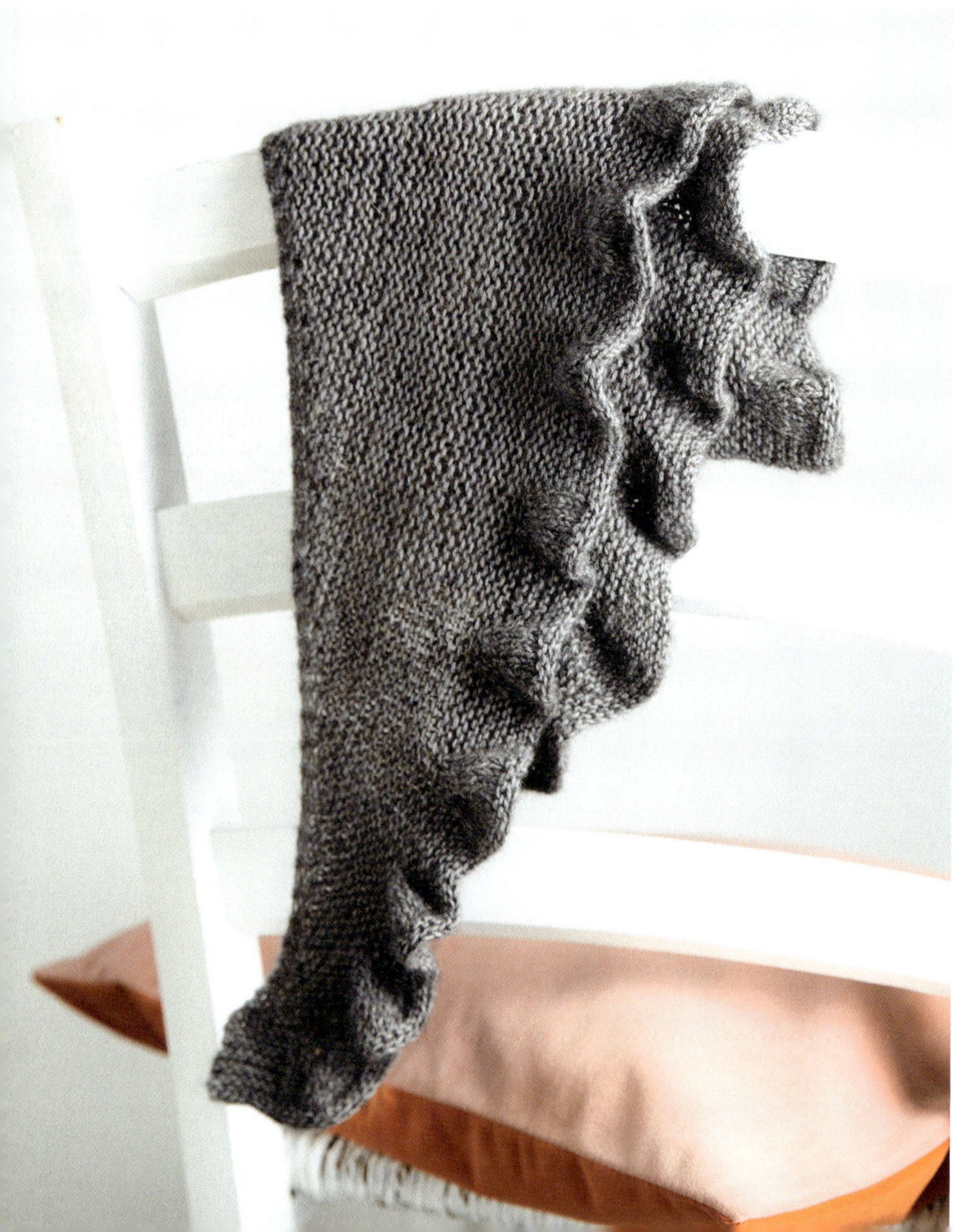

GRÖSSE
ca. 93 cm x 17 cm

MATERIAL
- Lana Grossa Ecopuno Dégradé (LL 380 m/100 g) in Dunkelgrau/Schiefer (Fb 407), 100 g
- Rundstricknadeln 3,5 mm, 80 cm lang
- 40 Maschenmarkierer
- Wollnadel

MASCHENPROBE
Kraus rechts mit Nd 3,5 mm
17 M und 48 R = 10 cm x 10 cm

Kraus rechts
In Hin- und Rückr rechte M str.

Glatt rechts
In Hinr rechte M, in Rückr linke M str.

Randmaschen
Die Rdm als Kraus-rechts-Rand über je 2 M str. Dafür die ersten und letzten 2 M jeder R kraus rechts str.

1 inverser Umschlag
Mit der rechten Nd gegen den Uhrzeigersinn von unten den Arbeitsfaden über die Nd legen.

1 Masche linksgeneigt zunehmen
Mit der linken Nd von vorne nach hinten unter dem Querfaden zur nächsten M einstechen und so eine neue M auf die Nd heben. Diese M rechts verschränkt str.

1 Masche rechtsgeneigt zunehmen
Mit der linken Nd von hinten nach vorne unter den Querfaden zur nächsten M einstechen und so eine neue M auf die Nd heben. Diese M rechts str.

Anleitung

Für den Garter-Tab-Anschlag (siehe „So wird's gemacht") 18 M anschl.
1.+2. R: Kraus rechts str.
3. R: 18 M rechts, die Arbeit um 90° drehen, 2 M aus der seitlichen Kante herausstr, die Arbeit wenden (= 20 M).
4. R: 20 M rechts, die Arbeit um 90° drehen, 2 M aus der seitlichen Kante herausstr, die Arbeit wenden (= 22 M).
5. R: Rdm, 1 inverser U, 1 M verdoppeln, bis 3 M vor R-Ende rechts str, 1 M verdoppeln, 1 U, Rdm (= 4 M zugenommen).
6. R: Rdm, den U rechts str, bis 3 M vor R-Ende rechts str, den inversen U rechts verschränkt str, Rdm.
Die 5. und 6. R fortlaufend wdh, bis 162 M auf der Nd sind.
Nächste R: Rdm, 1 inverser U, 1 M verdoppeln, 77 M rechts, 1 M verdoppeln, bis 3 M vor R-Ende rechts str, 1 M verdoppeln, 1 U, Rdm (= 167 M).
Nächste R: Rdm, den U rechts str, bis 3 M vor R-Ende rechts str, den inversen U rechts verschränkt str, Rdm.
Für die Rüschen ohne gesonderte Rdm weiterstr wie folgt:
1. R (Hinr): [7 M rechts, M-Markierer einhängen, 1 M linksgeneigt zunehmen, 1 M rechts, 1 M rechtsgeneigt zunehmen, M-Markierer einhängen] 20x, 7 M rechts (= 207 M).
2. R (Rückr) und alle weiteren Rückr: [Rechte M bis M-Markierer, M-Markierer überhängen, linke M bis zum nächsten M-Markierer, M-Markierer überhängen] 20x, 7 M rechts.
3. R: [Rechte M bis zum M-Markierer, M-Markierer überhängen, 1 M rechts, 1 M linksgeneigt zunehmen, 1 M rechts, 1 M rechtsgeneigt zunehmen, 1 M rechts, M-Markierer überhängen] 20x, rechte M bis R-Ende (= 247 M).
5. R: [Rechte M bis zum M-Markierer, M-Markierer überhängen, 2 M rechts, 1 M linksgeneigt zunehmen, 1 M rechts, 1 M rechtsgeneigt zunehmen, 2 M rechts, M-Markierer überhängen] 20x, rechte M bis R-Ende (= 287 M).
7. R: [Rechte M bis zum M-Markierer, M-Markierer überhängen, 3 M rechts, 1 M linksgeneigt zunehmen, 1 M rechts, 1 M rechtsgeneigt zunehmen, 3 M rechts, M-Markierer überhängen] 20x, rechte M bis R-Ende (= 327 M).
9. R: [Rechte M bis zum M-Markierer, M-Markierer überhängen, 4 M rechts, 1 M linksgeneigt zunehmen, 1 M rechts, 1 M rechtsgeneigt zunehmen, 4 M rechts, M-Markierer überhängen] 20x, rechte M bis R-Ende (= 367 M).
11.-13. R: Kraus rechts str, dabei in der 13. R alle M locker abk.

Fertigstellen
Alle Fäden vernähen. Das Tuch anfeuchten und auf die angegebene Größe spannen, trocknen lassen.

Janne

Seite 2

■ = 1 Masche rechts

= 1 Masche linksgeneigt zunehmen: Mit der linken Nadel von vorne nach hinten unter dem Querfaden zur nächsten Masche einstechen und so eine neue Masche auf die Nadel heben. Diese Masche rechts verschränkt stricken

= 1 Masche mit 1 Umschlag wie zum Linksstricken abheben

= 1 Patentmasche: 1 Masche mit 1 Umschlag rechts zusammenstricken

= 2 Maschen rechts zusammenstricken

Strickschrift 1

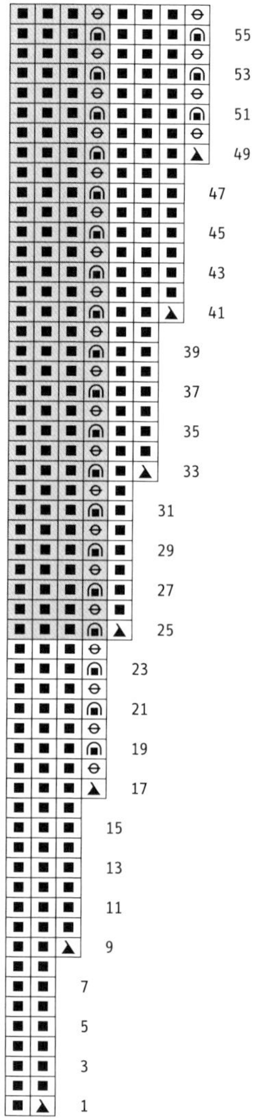

Strickschrift 2

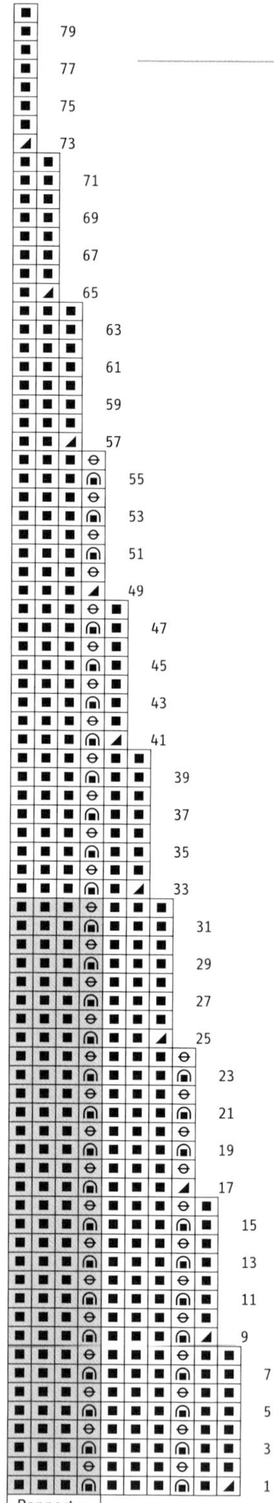

Rapport = 4 Maschen

Alma

Seite 6

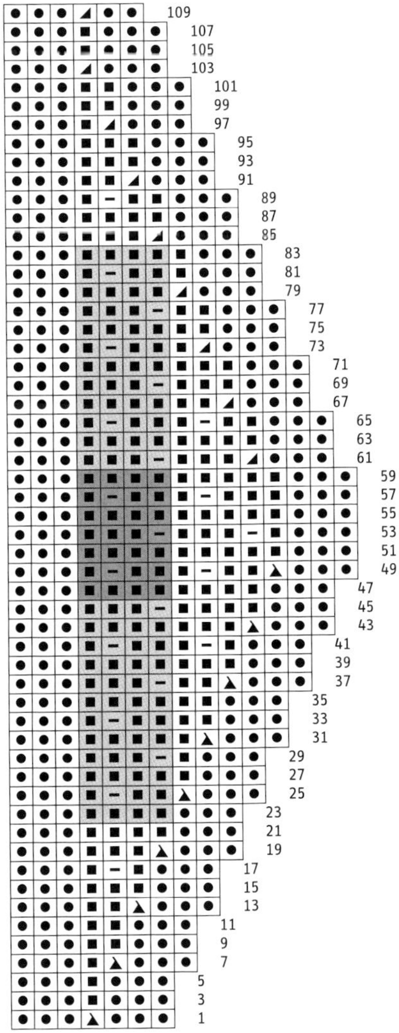

● = Randmasche

■ = 1 Masche glatt rechts

– = 1 Masche glatt links

▲ = 1 Masche linksgeneigt zunehmen: Mit der linken Nadel von vorne nach hinten unter dem Querfaden zur nächsten Masche einstechen und so eine neue Masche auf die Nadel heben. Diese Masche rechts verschränkt stricken.

◢ = 2 Maschen rechts zusammenstricken

Ida

Seite 18

Strickschrift 1

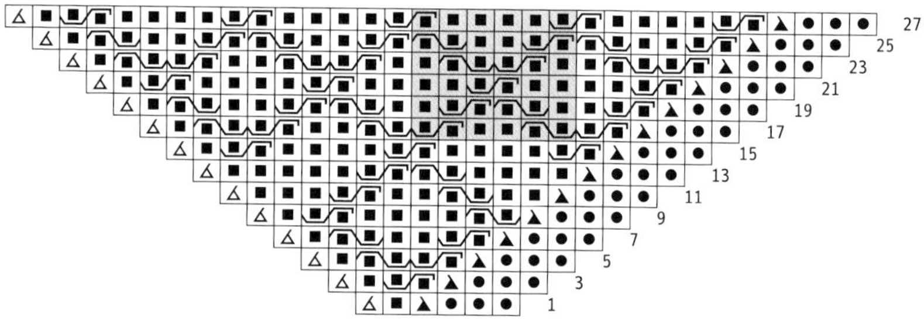

Strickschrift 2

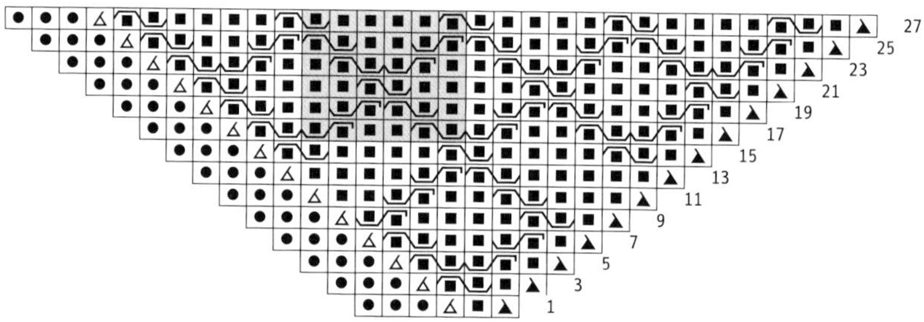

■ = 1 Masche rechts

● = Randmasche

▲ = 1 Masche linksgeneigt zunehmen: Mit der linken Nadel von vorne nach hinten unter den Querfaden zur nächsten Masche einstechen und so eine neue Masche auf die Nadel heben. Diese Masche rechts verschränkt stricken

△ = 1 Masche rechtsgeneigt zunehmen: Mit der linken Nadel von hinten nach vorne unter den Querfaden zur nächsten Masche einstechen und so eine neue Masche auf die Nadel heben. Diese Masche rechts stricken

■╲■ = 1 Masche auf einer Hilfsnadel vor die Arbeit legen, 1 Masche rechts stricken, dann die Masche der Hilfsnadel rechts stricken

■╱■ = 1 Masche auf einer Hilfsnadel hinter die Arbeit legen, 1 Masche rechts stricken, dann die Masche der Hilfsnadel rechts stricken

Linnea

Seite 20

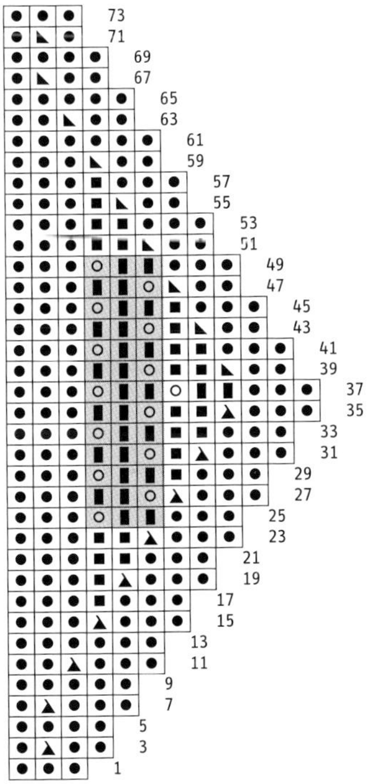

● = Randmasche

▲ = 1 Masche linksgeneigt zunehmen: Mit der linken Nadel von vorne nach hinten unter dem Querfaden zur nächsten Masche einstechen und so eine neue Masche auf die Nadel heben. Diese Masche rechts verschränkt stricken

◣ = 2 Maschen rechts überzogen zusammenstricken: 1 Masche wie zum Rechtsstricken abheben, die nächste Masche rechts stricken und die abgehobene Masche überziehen (= Abnahme in der Randmasche)

■ = 1 Masche rechts

○ = 1 Umschlag

▮▮ = 3 Maschen rechts stricken und die 1. Masche über die beiden folgenden Maschen ziehen

Maja

Seite 30

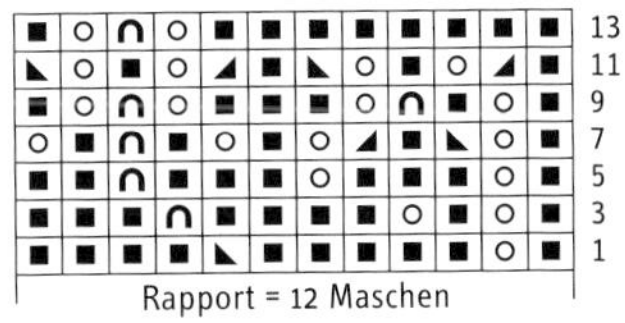

■ = 1 Masche rechts

○ = 1 Umschlag

◣ = 2 Maschen rechts überzogen zusammenstricken: 1 Masche wie zum Rechtsstricken abheben, die nächste Masche rechts stricken und die abgehobene Masche überziehen

∩ = 3 Maschen mit aufliegender Mittelmasche zusammenstricken: 2 Maschen gleichzeitig wie zum Rechtsstricken abheben, 1 Masche rechts stricken und die abgehobenen Maschen überziehen

◢ = 2 Maschen rechts zusammenstricken

Jördis

Seite 25

Strickschrift 1 – Zunahmen

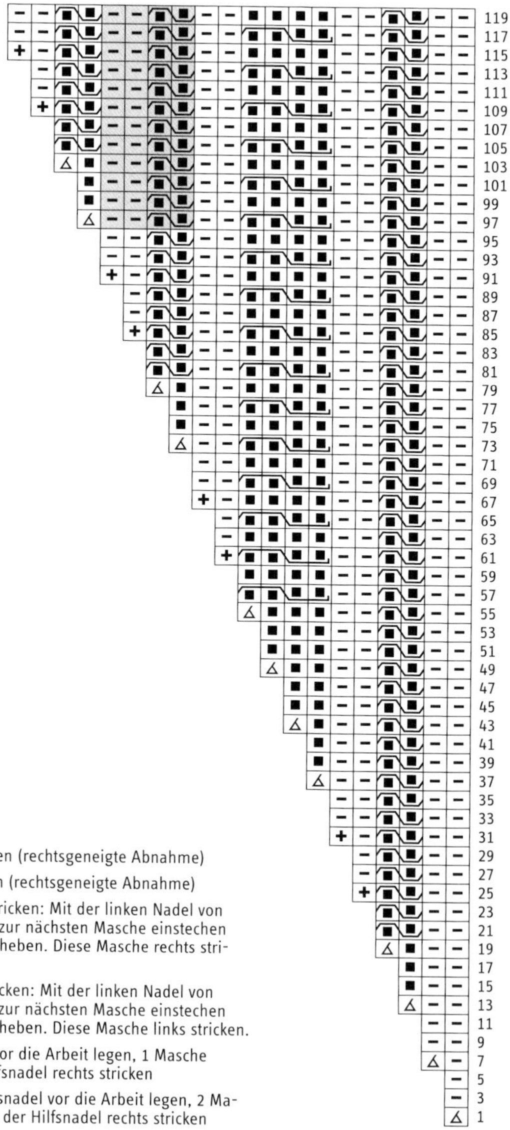

– = 1 Masche links

■ = 1 Masche rechts

◢ = 2 Maschen rechts zusammenstricken (rechtsgeneigte Abnahme)

⊿ = 2 Maschen links zusammenstricken (rechtsgeneigte Abnahme)

△ = Rechtsgeneigte Zunahme rechts stricken: Mit der linken Nadel von hinten nach vorne unter den Querfaden zur nächsten Masche einstechen und so eine neue Masche auf die Nadel heben. Diese Masche rechts stricken

+ = Rechtsgeneigte Zunahme links stricken: Mit der linken Nadel von hinten nach vorne unter den Querfaden zur nächsten Masche einstechen und so eine neue Masche auf die Nadel heben. Diese Masche links stricken.

■■ (Zopf) = 1 Masche auf einer Hilfsnadel vor die Arbeit legen, 1 Masche rechts stricken, dann die Masche der Hilfsnadel rechts stricken

■■■■ (Zopf) = 2 Maschen auf einer Hilfsnadel vor die Arbeit legen, 2 Maschen rechts stricken, dann die Maschen der Hilfsnadel rechts stricken

Strickschrift 2 – Abnahmen

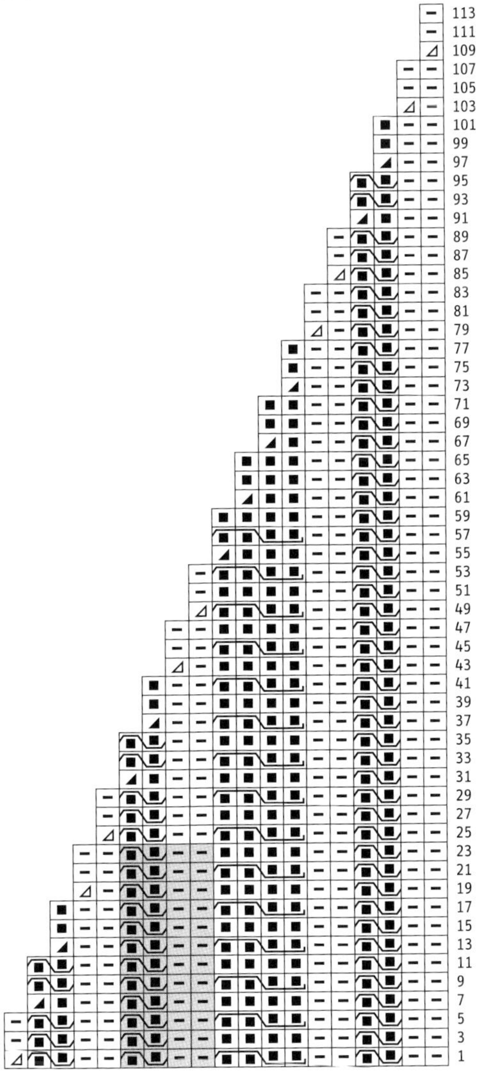

Amalia

Seite 28

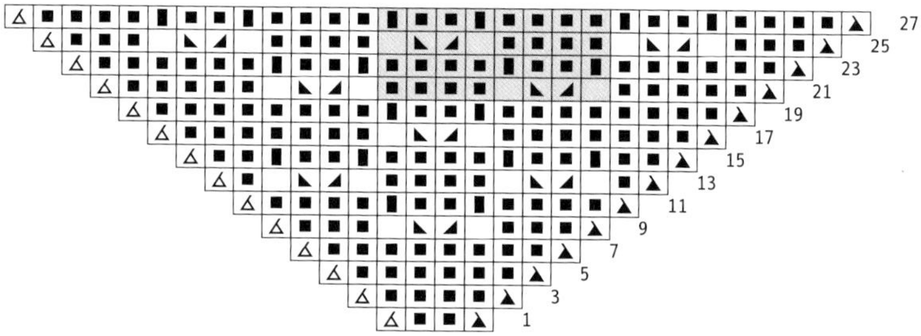

= 1 Masche rechts

= 2 Maschen rechts zusammenstricken

= 2 Maschen rechts überzogen zusammenstricken: 1 Masche wie zum Rechtsstricken abheben, die nächste Masche rechts stricken und die abgehobene Masche überziehen

= Mit der rechten Nadel 2 Reihen tiefer zwischen den beiden benachbarten Abnahmen wie zum Rechtsstricken einstechen, den Faden um die Nadel legen und eine lange Schlinge herausziehen

= 1 Masche linksgeneigt zunehmen: Mit der linken Nadel von vorne nach hinten unter den Querfaden zur nächsten Masche einstechen und so eine neue Masche auf die Nadel heben. Diese Masche rechts verschränkt stricken

= 1 Masche rechtsgeneigt zunehmen: Mit der linken Nadel von hinten nach vorne unter den Querfaden zur nächsten Masche einstechen und so eine neue Masche auf die Nadel heben. Diese Masche rechts stricken

= keine Bedeutung, dient der besseren Übersicht

Lene

Seite 36

Strickschrift 1

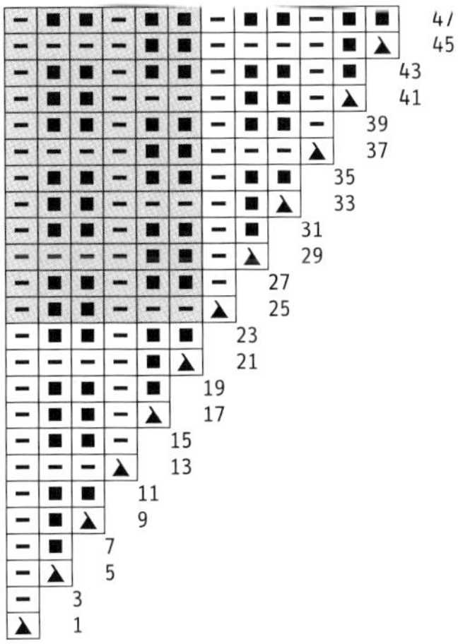

Strickschrift 2

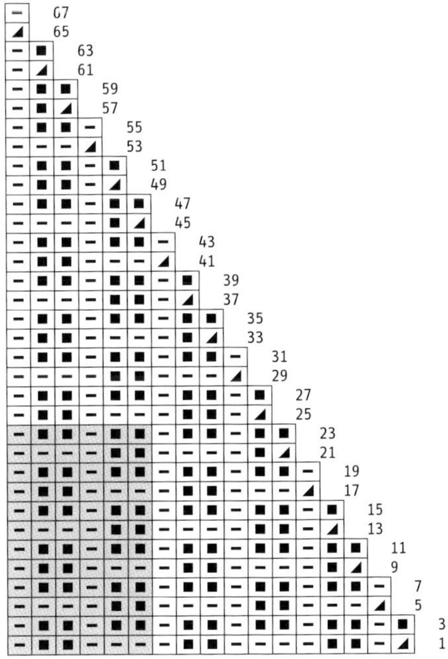

■ = 1 Masche rechts

− = 1 Masche links

⅄ = 1 Masche linksgeneigt zunehmen: Mit der linken Nadel von vorne nach hinten unter dem Querfaden zur nächsten Masche einstechen und so eine neue Masche auf die Nadel heben. Diese Masche rechts verschränkt stricken

◢ = 2 Maschen rechts zusammenstricken

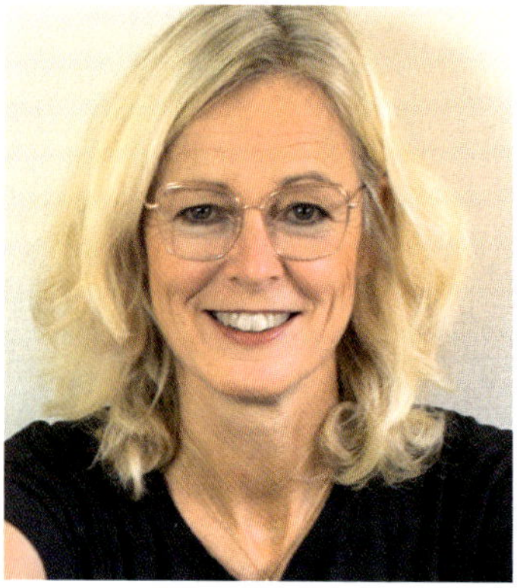

Brigitte Zimmermann strickt und häkelt für ihr Leben gern und hat das große Glück, ihr Hobby zum Beruf gemacht zu haben. Nach 15 Jahren als Produktentwicklerin und -designerin im Bereich Handstrickgarne entwickelt sie nun unter dem Pseudonym „knittygitti" eigene Designs, entwirft Strickteile für Magazine, leitet Workshops und Strickkurse und bietet Lektorate an. Sie hat drei erwachsene Kinder und lebt mit ihrem Mann in Ostwestfalen.

DANKE!

Vielen Dank den Firmen Lana Grossa GmbH, Lang & Co. AG und Schoeller Handstrickgarne GmbH für die großzügige Unterstützung mit Garnen und an Elke Becker für ihre Hilfe beim Stricken der Tücher.

TOPP – Unsere Servicegarantie

WIR SIND FÜR SIE DA! Bei Fragen zu unserem umfangreichen Programm oder Anregungen freuen wir uns über Ihren Anruf oder Ihre Post. Loben Sie uns, aber scheuen Sie sich auch nicht, Ihre Kritik mitzuteilen – sie hilft uns, ständig besser zu werden.

Bei Fragen zu einzelnen Materialien oder Techniken wenden Sie sich bitte an unseren Kreativservice, Frau Erika Noll.

mail@kreativ-service.info
Telefon 07 11/12 37 57 20

Das Produktmanagement erreichen Sie unter:

pm@frechverlag.de
oder:
frechverlag
Produktmanagement
Dieselstraße 5
70839 Gerlingen
Telefon 07 11/8 30 86 68

LERNEN SIE UNS BESSER KENNEN! Fragen Sie Ihren Hobbyfach- oder Buchhändler nach unserem kostenlosen Magazin **Meine kreative Welt**. Darin entdecken Sie dreimal im Jahr die neuesten Kreativtrends und interessantesten Buchneuheiten.

Oder besuchen Sie uns im Internet! Unter **www.topp-kreativ.de** können Sie sich über unser umfangreiches Buchprogramm informieren, unsere Autoren kennenlernen sowie aktuelle Highlights und neue Kreativtechniken entdecken, kurz – die ganze Welt der Kreativität.

Kreativ immer up to date sind Sie mit unserem monatlichen **Newsletter**. Für aktuelle Infos, Gratis-Anleitungen und Gewinnspiele gleich anmelden unter **www.TOPP-kreativ.de/Newsletter**

IMPRESSUM

Fotos: frechverlag GmbH, 70839 Gerlingen; lichtpunkt, Michael Ruder, Stuttgart
PRODUKTMANAGEMENT: Claudia Mack
LEKTORAT: Regina Sidabras, Berlin
GESTALTUNG: Petra Theilfarth
DRUCK: DZS GRAFIK, SLOWENIEN

9. Auflage 2026

ISBN 978-3-7358-7065-0 • Best.-Nr. 27065